IF NOT NOW, THEN WHEN?

나는 5년 동안 최고의 도전을 시작했다

나는 5년 동안
최고의 도전을 시작했다

초판 1쇄 인쇄 2020년 5월 15일
초판 1쇄 발행 2020년 5월 29일

지은이 **권현준**
펴낸이 **우세웅**
기획총괄 **우 민**
기획편집 **김은지**
기획마케팅 **정우진**
북디자인 **이선영**

펴낸곳 **슬로디미디어그룹**
신고번호 **제25100-2017-000035호**
신고년월일 **2017년 6월 13일**
주소 **서울특별시 마포구 월드컵북로 400, 상암동 서울산업진흥원(문화콘텐츠센터)5층 20호**
전화 **02)493-7780**
팩스 **0303)3442-7780**
전자우편 **wsw2525@gmail.com(원고투고·사업제휴)**
홈페이지 **slodymedia.modoo.at**
블로그 **slodymedia.xyz**
페이스북,인스타그램 **slodymedia**

ISBN 979-11-88977-46-8 (03190)
이 도서의 국립중앙도서관 출판예정도서목록(CIP)은 서지정보유통지원시스템 홈페이지(http://seoji.nl.go.kr)와 국가자료공동목록시스템(http://www.nl.go.kr/kolisnet)에서 이용하실 수 있습니다. (CIP제어번호 : CIP2020018499)

IF NOT NOW,

나는 5년 동안 최고의 도전을 시작했다

THEN WHEN?

20대, 평범한 청년의 55개국 795일 극한 모험!

권현준 지음

슬로디미디어

"If not now, Then when? 지금이 아니면, 언제?"

이 문구를 가슴에 새기고 긴 세계 여행을 시작했다. 세상이 정해놓은 시스템에 의구심을 잔뜩 품은 채였다. 내 질문에 대한 답을 종이에 써보길 바란다.

1. 언제 가장 가슴이 뛰었는가?
2. 지금도 가슴이 이끄는 대로의 삶을 살고 있는가?

몸의 노화를 막을 수는 없지만, 우리는 충분히 젊게 살기 위해 노력할 수 있으며, 성인이 된 당신은 이미 세상을 감당하기 충분한 나이일지 모른다.

그러나 그 전에, 당신이 자신을 감당할 수 있는지 생각해보라. 세상에 대해 잘 알고, 역사를 알고, 미래를 예측할 수 있는 힘이 주어진다고 한들, 당신은 자신을 정의할 수 있을 것인가? 위의 두 가지 질문에 대한 답을 써 내려갔는지 궁금하다. 생각했던 것보다 별로 쓰지 못했을 것 같다.

장염으로 뙤약볕에서 쓰러지고, 고산병으로 구토를 하고, 돈이 없어 햄을 넣은 라면으로 연명하는 것, 사람과 짐이 꽉꽉 들어찬 버스로 이틀이 넘는 시간을 이동하거나, 단 한 번의 파도를 타기 위해 바다를 하염없이 바라보는 것… 이런 여행을 누군가는 아주 이상하게 볼지도 모르겠다. 그러나 누군가는 한 치 앞도 예상할 수 없는 이런 이상한 여행을 위해 현재를 값지게 살아낸다. 남이 알아주지 않아도, 나만의 목표를 위해 무언가 시작할 수 있다면 참 의미 있는 일이 아닐까? 비록 일탈, 도피, 충동 그리고 두려움에 직면하더라도 말이다.

무언가를 통해 자신을 알려고 하지 말고, 자신을 뚫어지게 관찰하고, 부딪히며 진정한 자신을 찾길 바란다. 주변에서 당신을 걱정하는 소리, 비난하는 소리, 한심해하는 소리가 아닌, 당신 내면의 소리를 들을 수 있다면, 비로소 당신이 진짜로 원하는 게 무엇인지 알게 될 것이다.

그렇게 모든 사람에게 웃는 날이 더 많았으면 좋겠다.

현준 씨를 처음 만난 건 2019년이었습니다. 어딘가 모르게 듬직한 체구와 에너지 넘치는 밝은 웃음이 인상적인 친구였습니다. 한 달을 함께 지내며 이런저런 이야기를 했는데, 2년간의 세계 여행을 마무리하고 한국으로 돌아가기 전 마지막으로 들른 곳이 호주의 우리 집이라고 하더군요. 그 말에 저는 그에게 좋은 추억을 선물하고 싶었습니다.

저는 파도를 타는 그 순간에 몰입합니다. 나아가 일상을 마주할 때에도 그 순간을 탐구하며 살아갑니다. 현준 씨와 이야기하며, 매 순간을 사랑하고 최선을 다해 하루하루를 즐기는 그의 눈을 볼 수 있었습니다. 산으로, 하늘로, 땅으로, 그리고 바다로.

그가 바라보는 곳은 항상 먼 곳이었습니다. 하지만 모두가 멀다고 바라볼 때 그는 한 발짝 더 앞으로 나아가 결국엔 가까운 곳으로 만들어 버리는 재주가 있었습니다.

맥주를 마시며 10년 뒤에 우리는 무엇을 하고 있을까 대화를 나눈 적이 있습니다. 현준 씨가 어떤 일을 하든, 저는 묵묵히 그를 응원하는 한 사람으로 남고 싶습니다. 열정과 끈기, 도전정신, 그리고 겸손함을 갖춘 그가 많은 사람의 마음을 울릴 수 있는 묵직한 파도를 만들어내길 응원합니다.

_대한민국 서핑 국가대표 조준희

인생은 단 한 번뿐이다. 당신의 삶은 어떠한가? 미래에 대한 두려움으로 자신의 꿈과 목표를 제대로 펼치지 못하고 있는 건 아닌가? 이 세상에 삶이 두렵지 않은 사람은 없다.

하지만 한 번뿐인 인생을, 정말로 좋아하고 사랑하는 일과 가슴을 뛰게 하는 일에 거는 건 그만큼 의미 있는 일일 것이다. 부끄럽지 않은 삶, 후회 없는 삶을 살고자하는 작가의 마음이 독자에게 고스란히 전해지길 바란다.

그리고 이 책을 통해 당신의 마음이 조금이라도 흔들렸다면, 아직 늦지 않았다. 누구의 인생도 아닌, 당신의 인생을 살아가길 바란다.

_2018년 평창 동계올림픽 알파인스키 국가대표 김동우

그를 처음 본 날이 떠오른다. 당시 그는 20대 초반의 평범한 청년이었는데, 반짝이던 눈빛으로 그 자리에 있던 누나와 형들에게 인생에 대한 질문을 수없이 던졌다. 인생 선배로서의 조언을 구하는 듯했다. 그의 질문은 어떤 이야기든 흡수할 수 있을 것만 같은 패기가 있었고, 눈은 선한 열정으로 가득했으며, 무엇보다 굉장히 겸손했다. 아직 아무것도 이룬 게 없는 갓 스무 살의 청년이었지만, 분명히 뭐든 이룰 것 같았다. 그런 확신이 들었다.

그리고 그는 정말로 하나둘 본인이 계획하고 꿈꿨던 일들을 해 나가고 있다. 그의 꿈이 현실이 되어가는 것을 보자, 궁금해졌다. 어떻게 이뤄냈을지, 어떤 시간을 보내왔을지, 또 어떤 생각으로 이렇게 달려왔을지.

어린 시절 그의 눈빛에서 본 열정과 자신감이 분명히 이 책에 녹아 있으리라는 걸 확신한다. 그리고 그로 인해 그 시절의

나를 되돌아볼 수 있을 것이다.

_가수 한올

권현준의 눈으로 바라보고, 권현준의 방식대로 표현하다.

우리는 누구나 세상을 자신만의 방식대로 바라보고,
자신만의 방식대로 표현한다.

_디자이너 김리을

저자는 모두가 NO라고 외쳐도, 혼자는 YES라 외치며 남들이 가지 않는 길을 가는 청년이다. 그는 진짜 '나'를 위한 가슴 뛰는 삶을 살고 있다. 이토록 멋진 청년이 5년 후, 10년 후에는 얼마나 더 멋지게 성장해 있을지, 생각만 해도 내 가슴이 두근거린다. 이 책에는 '권현준'이라는 청년의 진심과 도전정신의 혼이 담겨 있다. 청년 도전가 '권현준'의 작은 날갯짓이 훗날 세상을 가슴 뛰게 하는 날이 오게 하리라 믿어 의심치 않는다.

_작가 최지훈

차례

PART 3

발전이 없어도 좋다, 물러나지만 않으면 된다

PART 4

영원한 것은 없다, 행복도 아픔도

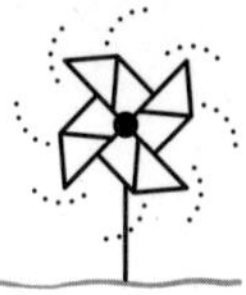

PART 5

마침표가 아닌 콤마

PART 1

세상은 넓고, 인생은 짧다

부진아가 바라본 세상

큰 용기를 내었다. 솔직하게 털어놓으면 얼굴이 붉어질 과거를 고백해야 하기 때문이다. 짧다면 짧은 인생에서 가장 힘들었던 시기를 꼽으라면 나는 고민 없이 학창 시절을 떠올린다. 나에 대한 확신이 없어 자존감은 바닥을 치고, 내가 미워 밤을 새우던 시절이었다.

학창 시절 내 별명은 부진아였다. 내색하지는 않았지만, 그 별명은 내게 큰 상처였다. 고등학교 입학 후, 나는 공부를 너무 못해서 열등반 수업을 들었다. 열등반 수업을 들으러 가는 길에 부진아라는 놀림을 받는 순간, 부끄러운 마음에 못 들은 척 복도를 지나치고 말았다. 내게 모욕감을 준 친구에게 화를 내지도 못했던 나는, 그렇게 평범하고 소극적인 소년이었다.

학창 시절은 보통 축구와 농구 같은 운동을 열심히 한 친구, 좋은 대학에 진학하기 위해 공부를 열심히 한 친구, 예체능에 소질이 있어 방과 후에 예체능 학원에 다니는 친구로 나뉜다. 물론, 그저 노는 게 좋아 야간 자율 학습을 하지 않고 매일 오락실에 출석하는 친구도 있었다.

그러나 나는 잘하는 것도 좋아하는 것도 없는 평범한 학생이었다. 야간 자율 학습 시간에는 귀에 이어폰을 꽂고 음악을 들으며 시간을 보냈고, 공부한다고 끊어 놓은 독서실에 가방만 던져두고는 피시방에나 들락거렸다. 이런 한심한 나날을 보내는 내게, 부모님은 공부나 열심히 해서 좋은 대학에 들어가라고 말씀하셨지만, 모의고사 성적이 전교에서 하위 10퍼센트 안에 들던 내가 꿀 꿈은 아니었다.

그러던 고등학교 1학년 겨울방학, 나에게 인생의 변화를 갈망하는 사건이 일어났다.

터닝 포인트

여느 날과 마찬가지로 아침 자습 시간 종이 울렸다. 스피커에서는 음악실로 이동해 열등반 수업을 들어야 할 학생들의 이름이 호명되고 있었다. 당시 내게는 학창 시절 내내 좋아하던 여학생이 있었다. 좋아하면 마음을 숨기지 못하고 티가 나는 편이라서 친한 친구들뿐 아니라 다른 반 아이들까지 내가 그 여학생을 좋아한다는 걸 알고 있었다. 그런데 내가 열등반 수업을 위해 복도로 나서는 순간, 한 친구가 큰소리로 노래를 불렀다. "현준이는 부진아인데, ○○이는 우등생이네~" 순간 반 친구들이 모두 크게 웃기 시작했고, 내가 좋아하던 여학생도 웃음을 참지 못하고 있었다.

그날 밤, 나는 수치심에 잠을 이루지 못했고 그렇게 그날의 기억은 선명하게 남아 버렸다. 반 친구들이 웃어서 화가 났다기보다, 친구들의 놀림에도 아무 말 하지 못 한 내 소심한 성격에 화가 났다. 무안한 마음에 따라 웃으며 한마디도 못한 나 자신이 너무 바보 같았다. 그때 깨달았다. '나처럼 내세울 것 하나 없는 사람도 자존심이란 게 있구나. 나도 나에 대한 부끄러움을 느낄 수 있는 사람이구나!' 그리고 아이러니하게도 화가 나던 마음은 설렘으로 바뀌었다. 가슴이 뛰기 시작했다.

그 뒤로 내 인생이 조금씩 변화하기 시작했다. 친구들에게 더는 무시당하고 싶지 않았다. 신체적인 탁월함이 없는 나는, 학생으로서 가장 좋은 방법인 공부를 선택했다. 열심히 수업을 듣고, 문제집을 풀었다. 야간 자율 학습 시간도 낭비하지 않았고, 독서실도 착실히 다녔다. 처음으로 내 의지로 공부에 전념했다. 시험 기간에는 잠이 쏟아져 눈이 감기는 와중에도 암기 과목을 달달 외웠고, 난생처음으로 베갯잇에 코피를 적시기까지 했다.

그렇게 고등학교 2학년 첫 시험인 중간고사를 치렀다. 점수가 나온 날, 담임선생님은 번호대로 채점표를 나눠주시며, "권현준!" 하고 부르셨다. 그러자 나도 모르게 큰 목소리로 "네!" 하고 대답했다. 내 채점표를 가만히 보시던 선생님은 "현준이 무슨 일 있었어?"라고 물으셨다. 내 점수가 두세 배 오른 정도가 아니라 상위권을 다투는 점수에 도달했기 때문이다. 전 과목에서 그런 성취를 이룬 건 아니지만, 집중해 공부한 과목은 모두 상위권이었다.

그러나 열등반 수업이나 듣던 학생이 갑자기 우수한 성적이라니. 모두가 부정행위를 의심했고 담임선생님과의 개인 면담으로까지 이어지고 말았다. 결국 나는 선생님 앞에서 시험 문제 중 몇 개를 직접 풀고 나서야 인정받게 되었다. 그때 처음으로 선생님께 칭찬을 들었던 것 같다. 선생님의 칭찬에, 내 안에서 '나'라는 존재가 느껴졌다. 목표를 세우고, 목표를 이루기 위해 코피를 흘려가며 노력한 경험, 그리고 만족할 만큼의 성과는 내게 큰 성취감을 안겨 주었다.

수치심을 느꼈던 그날이 없었다면 지금의 내가 있었을까? 부족함을 인정하고, 문제를 해결하려는 마음이 없었더라면 나는 여전히 그 시절의 겁쟁이로 남아 있을 것 같다. 나를 놀렸던, 당시에는 정말 다가가기 싫었던 그 친구를 다시 만나는 날이 온다면 꼭 이 말을 전해주고 싶다. "진심으로 고마워"

모든 것은 때가 있다

대학교에 입학하던 날, 나는 입학식 대신 입대를 위한 신체검사를 받으러 부산으로 향해야 했다. 혹시나 했지만, 역시나 현역 1급 판정을 받았다. 그리고 한 달 뒤, 집으로 입영 통지서가 날아들었다. 입영 통지서를 받고 보니 민간인 신분에서 군인 신분으로 바뀐다는 게 믿기지 않았다. 그리고 군인으로서 사명감을 짊어지는 날이 온다는 사실에 조금은 가슴이 뛰었다(영화 속에 나오는 군인 영웅의 모습을 상상해서 그랬던 것 같다).

입영 날짜를 받아두고, 나는 버킷리스트 중 하나인 유럽 배낭여행을 떠나기로 했다. 지금이 아니면 안 될 것 같았다. 제대한 다음에, 복학한 다음에, 취업 준비할 때 그 어느 때도 시간이 나지 않을 것 같았기에 나는 반드시 지금, 입대 전에 떠나기로 다짐했다. 사실 그때의 나는 정해진 시스템대로 사는 사람이었기에, 배낭여행을 결심하는 게 쉽지는 않았다.

여행을 결심하고 제일 처음 한 일은 경비 마련을 위한 아르바이트였다. 학교에 다니면서 경비를 마련해야 했기 때문에, 저녁 시간대에 할 수 있는 학교 주변 아르바이트 자리를 샅샅이 뒤졌다. 그리고 수소문 끝에, 쉬는 날 없이 오후 6시부터 11시까지 하는 카페 아르바이트를 구했다. 성인이 되고 처음으로 직접 구한 일이라 걱정보다는 기대감이 앞섰다.

그러나 설렘도 잠시, 쉬울 줄 알았던 카페 아르바이트는 테이크아웃 손님들로 밥 먹을 새도 없었고, 한 푼이라도 더 벌기 위해 학교 시험까지 고사하고 아르바이트하느라 기어이 몇 과목은 F 학점을 받고 말았다(물론 이 글을 쓰는 지금도 학점을 채우기 위해 재수강하고 있다). 아무튼 여행하고 있는 미래의 내 모습을 상상하며 하루하루를 견뎠다.

그렇게 8개월간 아르바이트와 학업을 병행했고, 아르바이트를 그만두던 날 통장에는 350만 원이 들어 있었다. 학생인 나에게는 거금이었다.

그 돈으로 바로 터키의 수도 이스탄불행 비행기표를 끊으며 첫 배낭여행의 서막을 열었다.

여행 자금을 모으던 스무 살 그때로 돌아간다면 조금 더 현명한 선택을 하지 않을까 싶지만, 또 이런저런 아쉬움을 느껴봤기에 후회 없는 오늘을 살기 위해 노력하는 것 같다. 지금 와서 그때를 돌이켜 보면 축제나 체육대회, 개강총회, 엠티 등에 참여하지 못한 게 아쉽다. 수업이 끝나자마자 아르바이트를 하러 가기 바빠서, 신입생일 때만 느낄 수 있는 낭만을 느끼지 못한 것 같다. 그리고 세계 여행을 끝내고 돌아와 복학한 지금은 하고 싶어도 못 하는 일이 많다. 사실 지금도 할 수는 있지만, 그 시절에 했다면 더 좋았을 것 같다. 종종 후배들이 용기를 내어 내게 여행에 관한 질문을 할 때면, 이러한 아쉬움도 조심스럽게 조언하고는 한다.

후배들은 내게 묻는다. “저도 형처럼 입대하기 전에 유럽 여행을 꼭 가고 싶어요. 어떻게 준비하셨어요?”, “저도 형처럼 아르바이트해서 여행 경비를 마련하고 싶어요. 무슨 일 하셨어요?”, “세계 여행하면 어때요? 많이 배우고 오나요?” 등 말이다.

그때마다 나는 이렇게 말한다. “나는 지금까지 특별한 무언가를 이루기 위해 하는 게 아니라, 내가 할 수 있는 사소한 모든 것을 묵묵히 하다 보니 어느새 특별한 무언가를 하고 있었어.

동생들아, 너희만큼은 있는 그대로의 자연을 화려한 영상으로 조작해서 추억을 한정시키지 말아 줘. 너희의 여행을 과장해서 이야기해 사람들을 현혹하지 말아 줘. 여행에서 만난 사람들을 시간이 지나 다시 만났을 때, ‘그때 우리 참 좋았지’라는 눈빛과 미소를 지을 수 있으면 좋겠어. 그 미소 때문에 다시 배낭을 싸고 싶게 만드는 여행을 해줘”

600유로

그토록 바라던 유럽 여행을 떠나는 날이 왔다. 나의 첫 배낭 여행은 오랜 친구 덕우와 함께했다. 덕우는 중학교 시절부터 친구로, 같은 대학에 입학한데다가 훈련소에 입소하는 날짜도 이틀밖에 차이가 나지 않아 유독 돈독한 사이이기도 하다(덕우와는 이후 세계 여행도 함께 떠나게 된다). 새벽 1시, 덕우와 나는 우리의 몸집만큼 큰 배낭을 어깨에 짊어졌다.

울산에서 출발하는 거라, 고속버스 터미널까지는 부모님이 데려다주셨다. 처음으로 자식을 품에서 떼어 놓아야 하는 부모님은 우리에게 무슨 일이라도 날까 걱정이셨고, 우리도 처음으로 부모님 곁을 떠나는 거라 묘한 긴장감이 느껴졌다. 그렇게 터미

널에서 부모님과 작별 인사를 하고서야 우리는 인천공항으로 가는 버스에 몸을 실었다. 공항으로 가는 5시간 동안, 너무 설레서 심야 버스인데도 잠 한숨 못 잤다. 여행에 대한 기대감과 혹시 모를 일에 대한 두려움이 공존했던 것 같다.

이스탄불행 비행기를 타고 13시간. 우리는 비행기 안에서 지루할 틈도 없이 앞으로의 여행에 대한 이야기로 시간을 보냈다. 여행의 가장 큰 묘미가 바로 목적지에 도착하기 전, 무엇을 해도 두근거리는 긴장감을 느끼는 일 아닐까. 우리는 그 시간을 만끽했다. 그리고 저녁 7시 반에 터키의 수도 이스탄불에 도착했다.

그러나 시련은 예고도 없이 찾아왔다. 터키에 도착해 수하물을 찾고 숙소로 향하는 버스표를 사려고 돈을 꺼내려는데, 덕우의 돈 봉투가 없어진 것이다! 돈 봉투에는 600유로가 들어 있었다(한화 80만 원!).

우리는 잃어버릴 만한 경우의 수를 추리해나가기 시작했다. 결론은 여권을 보관하는 작은 가방에 넣어둔 돈 봉투가 입국 심사를 하면서 떨어진 게 아닌가 싶었다. 우리는 황급히 분실 신고를 했다. 그러나 항공사 직원들은 너무나 바빴고, 우리가 처한 상황에 관심을 보이는 이는 없었다.

우리는 큰 상실감을 느끼며 그들에게 돈 봉투를 잃어버린 사실과 추리한 바를 영어로 설명했지만, 상황은 더욱 답답하게만 돌아갔다. 여행을 시작하기도 전에 큰돈을 잃어버린 덕우는 충격을 받아 한국으로 돌아가길 원했다. 도착하자마자 돈을 잃어버리다니, 옆에서 보는 나 또한 앞으로의 여행이 순탄치 않을 거란 불안감이 엄습해 괜찮다는 말이 선뜻 나오지 않았다.

그러나 공항에서의 시간은 속절없이 흐르기만 하고, 어깨에 진 배낭이 무겁게 느껴지자 빨리 숙소에 들어가고 싶어졌다. 나는 쉬고 싶어서 조심스레 웃으며 말했다. "덕우야, 지구 반대편까지 힘들게 왔는데 액땜이라고 생각하고 그냥 같이 여행하자. 내가 당분간 밥 사줄게! 앞으로 이런 시련은 없을 거야" 그러자 덕우는 내 제안을 기다렸다는 듯이 바로 대답했다. "그래? 그럴까…?" 덕우는 이걸 노리고 있던 걸까? 한국으로 돌아가겠다는 말은 뻥인가?

나중에 알고 보니 덕우는 그 순간이 그간의 여행에 있어 누군가에게 가장 고마움을 느끼고, 힘이 되는 순간이었다고 했다. 나의 따뜻한 말 한마디가 친구에게 잊지 못할 추억이 되었다니!

힘이 되는 말 한마디, 원하든 아니든 얻게 되는 소중한 감정과 경험들. 가까이 있어 주변 사람들의 소중함을 잊고 살 때가 있는데, 그들에게 고마운 마음을 자주 표현하면 좋겠다.

포용은 말처럼 쉽지 않다

덕우와 나는 여행을 떠나기 전 약속했다. 어떠한 어려움이 닥쳐도 서로 격려하면서 헤쳐나가자고 말이다. 하지만 막상 매일 붙어 있으니 말하지 못할 앙금이 쌓여만 갔다.

갈등의 시작은 흡연 문제였다. 비흡연자인 나는 덕우의 옷에 배어 있는 담배 냄새와 덕우가 담배를 피우러 가면 덩그러니 기다려야 하는 시간이 싫었다. 게다가 덕우가 담배를 피러 가는 시간은 불규칙적이기까지 했다. 물론 덕우도 나를 위해 많은 노력을 했다. 최대한 냄새가 안 나게 배려했을 거고, 담배를 피우고 싶은 순간을 여러 번 참았을 것이다.

여행 스타일이 다른 것도 문제였다. 나는 아침 일찍 일어나 부지런히 관광지를 돌아다니는 편인데, 덕우는 느긋했다. 자연스럽게 흘러가는 여행을 원했다. 그렇게 우리에게는 불협화음이 생겼고, 며칠도 안 되어 지쳐 버렸다. 그러나 우리는 죽으나 사나 함께해야 했다. 모든 일정에 맞춰 숙소까지 예약해둔 상태였기 때문이다.

우리는 터키에서 스페인으로 이동하는 비행기 안에서 입이 바싹 마를 정도로 많은 대화를 나눴다. 그래도 다행히 덕우와 나는 오랜 시간을 함께해온 친구였다. 잘잘못을 따지고 단점을 고치기를 바라기보다 그냥 서로를 이해하기로 했다. 열띤 대화 끝에 긴 침묵의 시간이 찾아왔고, 각자의 생각을 정리하며 목적지인 바르셀로나에 도착했다. 비행기가 착륙하고 짐을 꺼내며 자연스럽게 말을 섞었다. 그리고 이전과는 다르게 서로를 배려하고 있음이 느껴졌다. 부탁이 있을 때는 격의 없는 친구라도 누구보다 정중했다.

한 달간의 여행을 통해, 함께한 6년의 세월보다 서로를 더 잘 알게 되었다. 여행을 해봐야 그 사람을 알 수 있다더니, 진짜였다.

'포용'이란 무엇일까? 포용은 사전적으로 '남을 너그럽게 감싸 주거나 받아들임'이다. 그러나 이렇게 미성숙한 내가 어떻게 타인을 품을 수 있을까? 그 답을 여행에서 찾고 싶었지만, 나는 정확한 답을 찾지 못한 채 돌아왔다. 지금도 아쉬웠던 순간, 후회하는 순간을 되새기며 성장 중이다.

그래도 포용이란 사랑과 같은 말이 아닐까 싶다. 내가 100을 해줬는데 너는 왜 50밖에 주지 않느냐 따지면 끝이 없다. 언제나 아낌없이 줄 준비가 되어 있어야 한다. 절대 대가를 바라서는 안 된다. 포용하기로 마음먹었다면, 그래야 한다.

나의 선택은 옳다

첫 배낭여행이자, 유럽 여행을 마치고 돌아오는 비행기 안에서 일기를 썼다.

To. 나에게

내일이면 끝나지 않을 것 같던 여행이 끝난다. 평생 잊지 못할 여행… 처음 느끼는 간절함과 동기 부여… 머릿속이 복잡하지만 앞으로 꼭 이루고 싶은 것이 생겼다. 강해지고 싶다. 비범한 육체와 강인한 정신력을 가진 사람이 되고 싶다. 이유는 간단하다. 나는 여행 내내 어깨를 펴지 못하고 죄지은 사람처럼 벽에 붙어 다녔다. 목소리 크고, 덩치 큰 유럽 사람들 사이에서 작아지는 나를 보았기 때문이

다. 자신감이 충만한 사람이 되고 싶다기보다, 나를 사랑하고 존중하는 자존감 높은 사람이고 싶다.

아울러 책을 가까이하고, 느낀 감정을 기록하는 습관을 지녀야겠다. 루브르 박물관, 프라도 미술관, 바티칸 박물관 등의 관광지를 여행하면서 아는 만큼 보인다는 말을 피부로 느꼈다. 더 많이 알수록 보고 느낄 수 있는 것들이 많았겠지?

이 다짐이 얼마나 지속할지 알 수 없지만, 지금의 감정과 느낌을 잊지 말자. 이번 여행에서 다양한 사람을 만나며 확실한 꿈이 생겼다. 바로! 전역 후에 세계 여행을 떠나는 것. 여행을 통해 꿈을 이룰 것 같은 순수한 감정을 제대로 느끼고 싶다.

아마 다음 주에는 훈련소에 있겠지. 잘 이겨내자, 준아. 이 비행기에서 내리면 환승을 해야지. 그러니 얼른 자자! 아프거나 다치지 말고 무사히 돌아가자. 고생했다, 권현준!

세계 여행을 하겠다는 포부를 품고 한국으로 돌아와 바로 군 복무에 임했다. 그리고 나는 간절하게 변화를 원했다. 군인의 신분이어서 변화할 수 없다는 핑계는 대지 않기로 했다. 그래서 21개월의 군 복무를 마쳤을 때에는 90킬로그램의 건장한 청년이 되어 있었고, 세계 여행을 하겠다는 목표는 더욱 확고해졌다.

세계 여행을 위한 준비

휴학계를 냈다. 그리고 천안의 삼성디스플레이 건설 현장에 지원했다. 긴 여행을 위해서는 경비가 필요했고, 부모님께 손 벌리기보다 준비부터 스스로 하고 싶었다. 무엇보다 부모님께 치기 어린 여행이 아닌, 오래전부터 계획한 진지한 여행이라는 마음을 전하고 싶었다. 무턱대고 떠나는 여행보다 유학을 추천하시는 부모님께 어떻게든 나의 진심과 간절함을 증명해야 했다.

천안의 건설 현장 기숙사에 들어가기 전 추석이 다가와 친척 집에 방문했다. 친척들은 자연스럽게 내 진로를 궁금해하셨고, "이제 제대했으니 열심히 학교 다녀서 졸업하고 취업해야지"라고 말씀하셨다. 물론, 세계 여행을 가겠다고 하자마자 공장에서 일주일도 못 버틸 놈이 무슨 여행이냐며 어른들의 핀잔을 들어야 했다. 그도 그럴 것이, 어릴 때부터 나를 봐온 어른들은 나를 못 미더워하셨다. 학창 시절부터 딱히 잘하는 것도 없고, 끈기가 있는 것도 아니었기 때문이다. 충분히 이해했다. 그러나 어른들의 핀잔은 나를 독하게 만들었다. 절대로 주변 사람들의 기준에 나를 맞추고 싶지 않았다.

건설 현장에는 여러 하청업체가 있다. 나는 하청업체 중 열다섯 명이 한 팀인 포설 팀에 배치되었다. 포설이란 건물 안에서 전기를 사용하기 위해 전선을 건물 내벽에 보이지 않게 설치하는 것을 말한다. 허리를 펼 수도 없는 공간에서, 나는 구호에 맞춰 성인 남성의 허벅지만 한 굵기의 전선을 날랐다. 어떤 날은 손가락 굵기의 전선 다발을 옮기기도 하고, 무겁고 날카로운 철 부재에 손가락이 끼는 일은 다반사였다. 밤늦게 천장에 전선을 설치하다가 떨어질 뻔한 적도 있다. 그러나 가장 힘든 건 새벽에 일어나 늦은 밤까지 쉴 새 없이 일하는 것 자체였다. 반복되는 일상에 정신이 피폐해졌다.

게다가 일하는 동안 단 한 번도 '권현준'이라는 이름으로 불린 적이 없었다. 쇳가루가 떠다니고 소음으로 귀마개까지 착용해야 하는 현장에서, 사람들은 나를 늘 막내라고 불렀다. 누가 "막내야!"라고만 부르면 자동으로 튀어 나갔다. 마치 봄에 태어나 이름이 '봄이'인 우리 집 강아지를 부르는 것 같았다. 아무렇지 않게 넘길 수 있을 것 같던 막내라는 호칭은 묘하게 내 자존심에 상처를 내었다. 현장 뒷정리를 해야 해서 언제나 꼴찌로 밥을 먹고, 아파도 팀장님께 말하면 혼이 날까 꾹 참고 일했다. 군대 생활이 인생에서 제일 힘든 줄 알았는데, 그게 아니었다. 특히 한겨울의 야외 건설 현장은 전쟁터 같았다. 지금에야 고백하지만, 사실은 천안에 도착해 숙소를 보자마자 집으로 내려가고 싶은 마음이 굴뚝같았다. 얼마나 모질고 힘들지 뻔했기 때문이다. 오로지 세계 여행이라는 꿈을 위해 참고 또 참았다.

시간이 흘러 완공의 날이 왔다. 현장에 더는 포설 팀이 필요하지 않았다. 그 말은 열다섯 명으로 이루어진 우리 팀이 해체된다는 의미였다! 표정을 숨길 수 없을 만큼 행복했다. 결단코 그날은 내 인생에서 가장 행복한 순간이었으며, 잊지 못할 날이리라.

숙소로 돌아와 짐을 꾸리면서 우연히 거울에 비친 내 모습을 보았다. 여드름 없이 매끈했던 피부에는, 빨갛게 무르익은 여드름이 가득했다. 쇳가루에 피부가 뒤집어진 것이다. 달라진 얼굴과 햇볕에 그을린 피부를 바라보며 한참 그 자리를 지켰다. 과거가 되어버린 고된 기억이 스치듯 지나갔고, 눈가에 눈물이 맺혔다. 얼마나 간절히 여행을 바랐는가. 여행이 무슨 부귀영화를 누리게 해준다고 이토록 한 발짝이라도 앞으로 나아가려 한 건가. 간절함은 나를 성장시키고 강인하게 만들었다. 절실하지 않았다면 그간의 고된 일상을 버티지 못했을 것이다.

부모님과 친척들의 충고에 수긍했다면 나는 조금 다른 삶을 살고 있을지 모르겠다. 때에 맞춰 복학하고, 졸업하고, 취업을 준비하면서 말이다.

그러나 나는 내가 원하는 바를 확실히 알고 있었기에, 수긍하지 않았다. 타인의 충고가 때로는 당신의 도전에 독이 될 수 있다는 걸 알았으면 한다. 그 충고의 결과가 좋을지 나쁠지는, 직접 도전해보지 않고는 모를 일이다.

부러질지언정 흔들리지 않는 나무처럼 살았으면 한다. 기껏 세운 계획을 타인의 말 한마디에 쉽게 포기하지 않았으면 한다. 시도만 해보아도 당신은 꽤 의미 있는 경험을 하게 될 것이다.

그리고 슬프게도, 세상에는 좋은 사람도 많지만, 남의 성장을 질투하는 사람도 많다. 우리는 무언가 도전해보기에 충분한 나이다. 이 사실만으로도 가슴이 뛰지 않는가?

PART
2

잘하려고 노력하기보다 잘하는 것

세계 여행의 시작

2년간의 세계 여행은 덕우와 명훈이가 함께했다. 명훈이는 초등학교 시절부터 함께한 친구로, 우리 셋은 일명 베스트프렌드이기도 하다.

여행자들은 우리가 얼마나 많은 나라를 다녔고, 무엇을 경험했고, 얼마나 긴 시간 여행하는지를 부러워하지 않는다. 그러나 2년 동안 세 명이 싸우지 않고 함께 여행하고 있다는 사실은 모두가 부러워했다. 그때는 이유를 몰랐는데, 여행이 끝나고 보니 그 이유를 조금은 알 것도 같다.

흔히 누군가와 함께 여행하면 그 사람의 본모습을 알 수 있다고 한다. 그래서 행복해지기 위해 떠난 여행에서 싸우고 돌아오는 경우가 많다. 친구나 연인끼리 또는 부모님과 떠난 여행에서조차도 말이다. 아무리 절친한 사이여도 같이 여행하면 악연이 되어 돌아온다는 말을 수도 없이 들어서인지, 우리는 여행을 계획할 때 몇 가지 규칙을 세웠다. 자칭 베스트프렌드이지만, 진정한 한 팀이 되기 위해 머리를 맞댄 것이다. 규칙은 이렇다.

1. 나라를 이동할 때마다 불만 사항을 말한다.
2. 상대방이 고쳤으면 하는 행동이나 말투를 말한다.
3. 부탁할 때는 공손히 존댓말을 쓴다.
4. 원하는 여행지, 먹거리 등을 가감없이 말한다.
5. 리더는 여행을 총괄하고, 총무는 돈을 관리한다. 보조자는 총무와 리더를 충실히 보조한다. 역할은 매달 번갈아 행하며, 각자의 경험으로 얻은 고충과 미흡함은 공유한다.

이렇게 규칙을 세워서인지, 우리는 정말로 한 번도 싸우지 않았다. 생각해보면 리더십과 팀워크를 계발하기 위해서라면 함께 하는 여행만큼 효과적인 게 있나 싶다. 동행과 끊임없이 의견을 조율해야 하기 때문이다. 때로는 내 주장도 할 수 있어야 하고, 때로는 맞춰줄 수도 있어야 한다.

실제로 내가 리더를 해보자 매번 소신 없이 끌려다니던 모습이 개선되었고, 내면에 있던 리더로서의 모습도 발견할 수 있었다. 아침 일찍 일어나 일정을 체크하고, 수정하고 진행하면서 자신감이 향상되었다. 보조자를 할 때도 많은 것을 배우고 느꼈다. 옛말에 '역사에 획을 그은 왕은, 왕이 잘나서가 아니라 신하들의 조언과 충언 덕분이었다'라는 말도 있지 않은가.

누군가를 절대적으로 믿으면 결과는 두 가지라고 한다. 최고의 인연을 만나거나, 최고의 교훈을 얻거나. 우리는 여행을 통해

두 가지 모두를 얻었다. 가족 같은 친구를 얻었고, 단점을 보완하며 나를 성장시킬 수 있었다.

나에게 덕우와 명훈이가 없었더라면 어땠을까? 사랑하는 친구들과 함께 청춘을 보낼 수 있어 행복하고, 고맙다.

다름의 이유

여행하다 보면 다양한 사람을 만나게 된다. 좋은 직장을 그만두고 여행하는 사람, 세계 일주로 신혼여행을 하는 부부, 대학 생활을 끝내기 아쉬워 휴학을 하고 여행하는 사람, 여행으로 돈을 버는 사람 등 사정 또한 제각각이다.

그러나 나는 여행을 시작한 지 반년도 채 되지 않아 한국인 여행자들을 기피하기 시작했다. 그들은 내가 상상하고 기대했던 모습과 너무도 달랐다. 특별함을 기대한 건 아니다. 넓은 시야와 안목을 갖고 있고, 사람을 대하는 태도가 남다를 거라 기대한 것도 아니다. 그러나 여행하다 만난 한국인들에게는 한국 사회의 단점과 같은 모습이 묻어 있었다. 보여주기식이랄까? 여행에 대한 철학이 있다기보다 여행을 얼마나 오래 하고 있는지, 얼마나 많은 나라를 다녔고, 어떤 레저 스포츠를 즐겼는지 등을 자랑하기 급급했다.

사실 해외에서 한국인을 만나면 정말 반갑다. 한국인이 운영하는 게스트하우스에 가면 한국인 여행자들을 쉽게 만날 수도 있으며, 그들과 맥주를 마시며 여행 이야기를 공유하고, 소소한 팁도 얻다 보면 시간가는 줄 모른다. 게다가 유용한 물품을 챙겨주는 이도 적지 않다. 이런 배려를 받으면 여행의 외로움과 피로가 싹 달아난다.

그러나 문제는 남의 여행을 판단하려는 사람이다. 각자 자기만의 여행을 하는 곳에서 자기주장만 내세우는 사람이 꼭 있다. 그런 사람을 만날 때마다 나는 불편함을 느꼈고, 곧 어울림의 자리를 피하게 되었다. 특정한 누군가가 싫거나 불편해서가 아니라, 지구 반대편에 와서도 한국 사회의 좋지 않은 모습을 보고 싶지 않았다.

'재즈(Jazz)처럼 살아가자'라고 다짐한다. 재즈에는 틀린 음이 없다. 어긋난 음은 또 다른 매력이 되어 수없이 변주된다. 같은 곡이라도 매번 다른 음악이 되는 게 좋다. 우리 삶도 똑같다. 외모와 성격, 무엇 하나 같은 게 없는 사람들과 어울려 살아간다. 다름을 인정하고 조화롭게 살아간다면, 그것이 행복이 아닐까.

고산병

2017년 4월 18일. 그날 안나푸르나에서의 고통은 말로 표현할 수가 없을 것 같다. 난생처음 느껴보는 극심한 두통과 구토 증상에 정말 죽을 것 같았다. 고산병* 대비에 철저했다고 자부했건만, 나 역시 피해가지 못했다. 고산병 증세는 해발 3,000미터에 가까워질수록 나타났는데, 처음에는 한 번씩 노곤함이 몰려오는 정도였다. 딱 한숨만 자고 싶었지만, 가이드가 밤에 잘 자려면 절

---

* 고산병은 높은 산에 올랐을 때 외부의 산소 농도가 떨어져 나타나는 증세이다. 인체에 미치는 영향에 따라 고도를 몇 단계로 나누는데, 해발 2,400~3,000미터 정도는 중증 고도로 몸에서 산소 운반 능력이 조금씩 떨어진다. 너무 급하게 오르면 해발 2,500미터 높이에서도 급성 고산병이 생길 수 있다. 해발 3,000~5,500미터 정도는 상위 고도이다. 동맥의 산소포화도가 떨어지면서 저산소증이 나타난다. 해발 5,500미터 이상은 최상위 고도로 심한 저산소증과 저탄소증이 생기고 운동 능력이 떨어져 사람이 거주할 수 없다.

대 낮잠을 자지 말라는 말을 딱지가 앉게 했던지라, 노곤함을 견디고 또 견뎠다.

그렇게 해발 3,300미터의 피상 마을에 도착했다. 피상은 고산 지대에 적응하기 위해 안나푸르나 서킷 트레킹*을 찾는 여행자들이 쉬어가는 대표적인 마을로, 우리도 이곳에서 고산의 높이에 적응하기 위해 2박을 쉬어가기로 했다. 고산병에 대처하기 위한 몇 가지 방법이 있다.

1. 머리를 따뜻하게 보온한다.
2. 물을 자주 마신다.
3. 손 씻기와 세수를 제외한 체온이 떨어질 만한 행동은 하지 않는다.

이 세 가지 수칙만 잘 지키면 고산 지대를 가본 적 없는 초보자도 트레킹을 즐길 수 있다. 그러나 나는 피상에 온 지 하루 만에 오만해져 버렸다. 1박 후 고산병 증세가 수그러들자 괜찮겠

---

* 트레킹(trekking)은 산의 정상에 오르는 게 목적이 아니라, 산의 풍광을 즐기는 여행의 한 형태이다. 그리고 하이킹(hiking)은 낮은 산을 오르거나, 높은 산을 안전하고 완만한 등산로로 다니는 것을 말한다. 하이킹은 높이를 지향하거나, 곤란성에 도전한다는 목적이 없어 자연조건이 까다로운 암벽을 타는 위험과 모험을 요소로 하는 등반과는 구분된다.

지 싫어서 샤워를 해버린 것이다! 게다가 가난한 여행자인 나는 돈을 아끼려고 찬물을 그대로 머리와 몸에 부어가며 씻었다. 돈을 내고 따뜻한 물로 씻는 게 사치로 느껴졌기 때문이다. 물론 얼음장 같은 물로 씻고 나니 몸은 개운했지만, 그 행복은 오래 가지 못했다.

시간이 흐를수록 머리에서 찌르르한 통증이 느껴지며 몸에 이상이 감지되었다. 친구들에게 피해를 줄 것 같아 트레킹 시작 전에 처방받은 고산병약을 챙겨 먹고, 가이드에게 조언을 구했다. 그러나 가이드는 시간이 지나야 증세를 확인할 수 있다는 말만 되풀이할 뿐이었다. 결국 나는 털모자를 쓰고, 옷을 여러 겹 껴입어 떨어진 체온을 올리기 위해 애쓰며 트레킹을 시작했다.

하지만 저녁에는 밥 먹을 기운도 남아 있지 않았다. 친구들이 걱정할까 봐 스파게티를 시켰지만, 주문한 스파게티를 보자마자 구토가 올라왔고, 급기야 그대로 화장실로 달려가 배 속에 남아 있는 게 없을 정도로 토를 하고 말았다. 토하고 나면 조금 나을 줄 알 알았는데, 나아지기는커녕 면역력이 떨어졌는지 갑자기 한기가 들었다. 결국 선부른 행동 하나로, 나는 겪지 않아도 될 고산병을 겪고, 친구들에게 걱정을 끼쳤다.

그날 밤 나는 열 번도 넘게 깼다. 불면증이 이런 걸까? 옆 침대에서 코를 골며 잠에 취한 친구들을 보며, 찬물로 머리를 감고 몸을 씻은 나를 원망했다.

히말라야의 해발 3,300미터 산속 마을, 난방 장치 하나 없는 오두막집에서 바람 소리와 친구들의 숨소리를 들으며 아픔을 참는 내 모습이라니. 너무 서러워서 눈물이 났다. 부모님 생각도 나고, 평생 겪지 않아도 될 고통을 사서 겪고 있으니 '내가 잘하고 있는 건가?'라는 의심도 들었다.

그러나 흐르는 눈물을 닦을 새도 없이 친구들의 부스럭거리는 소리에 얼른 자는 척을 했고, 그렇게 나도 모르게 잠이 들었다.

5,416미터

남한에서 가장 높은 산인 한라산의 높이는? 바로 1,947미터이다. 이날 우리가 넘어야 할 고개는 한라산의 약 3배 높이인, 해발 5,416미터의 안나푸르나 서킷 트레킹의 최종 목적지이자, 세계에서 가장 높은 고개인 토롱라 패스였다.

새벽 3시, 기상 알람이 울렸다. 우리는 토롱라 패스에 가기 전 해발 4,300미터의 베이스캠프에서 1박을 했는데, 정확히는 1박을 했다기보다 잠깐 졸았다는 표현이 더 맞을 것 같다. 전날 오후 8시에 취침했지만 산소가 부족해 자주 깼기 때문이다. 결국 침낭에 누워 가쁜 숨만 몰아 쉬다가 눈을 뜨고 알람이 울리기만을 기다렸다.

알람 소리에 서둘러 출발을 준비했다. 가방을 가늘고 높게 꾸리고 몸을 꽁꽁 싸매듯 옷을 입은 다음, 간단하게 아침을 먹기 위해 밖으로 나갔다. 새벽 3시, 히말라야의 공기는 달콤했다. 공기는 콧속으로 들어가 몸속 깊이 들어갔다가 나왔다. 때 묻지 않은 자연의 공기는 잠을 내쫓고 정신을 맑게 했다. 숙면한 어느 날보다 개운했다. 우리는 아침을 먹고, 새벽의 달빛을 랜턴 삼아 트레킹을 시작했다. 이른 새벽인데도 트레킹을 시작한 사람이 많아, 우리는 일렬로 줄을 맞춰 걸었다.

이른 새벽에 트레킹을 시작하는 이유는 안전 때문이다. 눈으로 덮인 설산은 눈이 녹았을 때보다 단단하게 얼었을 때가 걷기 좋다. 그리고 정상인 토롱라 패스는 날씨가 변덕스럽고 기온이 낮아 20~30분밖에 머물지 못하며, 그나마 오전이 날씨가 안정적이다. 우리는 1,116미터를 쉬지 않고 올랐다.

산에 오르다가 본 일출은 압권이었다. 세계 최고봉에서, 봉우리 사이를 뚫고 나오는 태양이라니!

정상에 다다를수록 숨이 턱턱 차오르기 시작했다. 그래도 틈틈이 사진을 찍어 풍경을 담았는데, 셔터를 누르려고 장갑을 벗을 때마다 손가락이 떨어져 나갈 것만 같았다. 너무 차가웠다. 그

FOR NATURE CONSERVATION
THORANG-LA PASS
5416 mtr.
FOR THE SUCCESS

러다가 어느 순간부터는 사진은커녕 땅만 바라보며 하염없이 걷기만 했다. 걷고 또 걸었다.

그렇게 한참을 걷다 보니 사람들이 웅성거리는 소리가 들려왔다. 정상에 도착한 사람들이 즐거움을 나누는 소리였다. 고지가 눈앞에 있음이 느껴지자 지금까지 겪은 고생이 파노라마처럼 스쳐지났고, 또 왈칵 눈물이 났다. 그렇게 다시 고산병 증세인 어지럼과 두통이 찾아올 즈음, 먼저 도착한 친구들의 응원을 받으며 토롱라 패스에 도착했다. 도착하자마자 나는 친구들과 기쁨을 만끽하며, 외쳤다. "나도 해냈다. 포기하지 않으면 무엇이든 할 수 있다!"

염소가 되자

네팔에서 인상 깊은 것은 토롱라 패스 등반만이 아니다. 트레킹할 때마다 보이는 염소도 무척 인상적이었다. 정말이지 웅장하고, 깎아지른 듯 날카로운 봉우리마다 염소들이 한가롭게 풀을 뜯고 있었다. 내 몸 하나 가누기 힘든 고산에서의 힘든 트레킹이었지만, 점심을 먹거나 쉴 때면 어김없이 녀석들이 눈에 들어왔다.

좋은 공기를 마시며 하늘을 뚫을 듯이 솟은 봉우리를 감상하고, 한가롭게 풀을 뜯는 염소들을 잡생각 없이 보고 있는 시간. 거기에 이어폰을 끼고 좋아하는 음악까지 함께하는 시간은 여행 중 가장 여유로운 순간이었다.

그런데 염소들은 도대체 왜, 평평한 평지를 두고 아찔한 절벽에 올라 있는 걸까? 궁금해서 히말라야 산속에서 태어나 자란 현지인에게 물어보니 "천적을 피해 절벽을 타기도 하지만, 염소들은 원래 높은 곳 오르기를 좋아해"라고 대답했다. "왜? 위험하고 무서울 텐데…"라고 반문하니 그는 이렇게 말했다.

"Just fun"

그의 인상적인 대답을 들은 후, 나는 더욱 염소들을 유심히 관찰했다. 혹시나 높은 곳에서만 먹을 수 있는 특별한 풀이 있는 건 아닐까? 또 다른 이유가 있는 건 아닐까? 특별한 이유를 찾기 위해 살펴봤지만, 트레킹을 끝내는 순간까지 나는 답을 찾지 못했다. 가이드도 염소는 위험하고 높은 절벽을 그저 좋아해서 오르는 것이라고 했다.

Just fun.

'Fun'이라는 단어가 번개처럼 나의 뇌리를 스쳤다. 나도 모르게 모든 일의 이유를 찾고 있던 게 아닐까. 왜 여행하는지, 왜 고된 히말라야를 오르는지와 같은 물음에 대한 답을 찾으려 습관적으로 생각하고 또 생각했는지도 모르겠다. 뭔가 특별한 답을 찾고 싶어 했을지도.

그러나 여행의 이유, 고된 히말라야를 오르는 이유는 단지

'재미있어서'가 아니었을까? 그 답도 내 안에 있었는데, 타인에게 들으려고 노력한 건 아니었을까?

아찔한 절벽에 오르는 것을 그냥 좋아서 하는 염소처럼 살기로 했다. 그래, 그냥 즐거우니까.

천리 길도 함께라면

인도를 여행하다 보면 재미 삼아 쓰는 단어가 있다. 바로 '물갈이'이다. 물갈이란 물로 인한 식중독과 장염을 말하는데, 식수를 관리하는 시스템이 열악한 인도를 여행하는 여행자들이 흔히 겪는 증상이다. 식당에서 마시는 정수기 물, 물통에 담아둔 물만 먹어도 탈이 나기 일쑤이므로, 웬만하면 미네랄워터를 사 먹기를 권한다. 오죽하면 인도에서 만난 여행자들과 건네는 첫 인사말이 "물갈이했어요?"이겠는가. 그만큼 조심하고 또 조심해도 인도에 오는 모든 사람은 짜릿한 물갈이를 경험하고 떠난다.

우리도 물갈이를 피해갈 수 없었다. 나는 장염에 걸렸고, 덕우는 식중독에 걸리고 말았다. 우리 둘 다 첫 경험이었다. 살면서 지독하게 아픈 적이 없었기에, 건강하다 자만하며 인도로 온

게 아닌가 싶었다.

그 와중에 나는 장염 정도는 민간요법으로 치료할 수 있다는 신념이 있었다. 지금 생각해보면 황당하지만, 당시 나는 매일 물 2리터와 죽만 먹으며 견뎠다. 그러나 시간이 지나도 나아질 기미는 보이지 않았고, 설사와 구토로 인해 영양실조와 탈수 증상까지 나타났다.

5월의 인도는 43도를 웃도는 기온을 자랑해 극 비수기에 해당한다. 그래서 이 시기에 여행을 온 사람들은 노을이 질 즈음에야 슬슬 숙소를 나온다.

나도 몸이 좋지 않음에도 불구하고, 바라나시를 둘러보기 위해 친구들과 문밖을 나섰다. 그러나 이조차 무리였을까. 몇 걸음 걷지도 않았는데 갑자기 초점이 흐릿해지기 시작했다. 처음 겪는 어지럼에 긴장했지만, 가볍게 주변을 둘러보고 오기로 한 터라 조금만 참기로 했다. 그러나 얼마 가지 않아 구토감이 밀려오며 시야가 뿌예져 털썩 주저앉고 말았다. 너무 어지러워 '달팽이관이 떨어졌나?'라고 의심할 정도였다.

친구들은 무더위가 한풀 꺾인 틈을 타 얼른 주변을 둘러보고 싶었을 텐데, 묵묵히 내 곁을 지켜주었다. 그리고 "음료수 사다 줄까? 물 마실래?"라며 나를 살뜰히 보살폈다. 물론, 내 몸속은 이미 전쟁 중이라 대답조차 할 수 없었다. 10분, 20분, 30분… 아무리 시간이 흘러도 몸 상태가 좋아지지 않아 나는 어렵게 입을 열었다. "나는 못 갈 것 같아. 그런데 숙소까지도 혼자 못 갈 것 같은데 같이 가주면 안 될까? 미안하네…" 말이 끝나자마자 친구들이 답했다. "괜찮아. 우리도 더워서 빨리 숙소에 가서 쉬고 싶어!"

나는 궁금했다. 어떻게 여행할 수 있는 금쪽같은 시간을 포기하고 나를 배려해줄 수 있는지. 미안하고 고마울 뿐이었다. 친구들은 나를 부축하면서도 중간중간 앉아서 쉬게 해주었다. 그리고 힘겹게 숙소에 도착한 순간, 나는 속이 좋지 않아 프런트 쪽에 있는 화장실로 급히 뛰어가고 말았다.

볼일을 보고 나오니 숙소 매니저가 아픈 나를 보며 잠시 앉아서 기다리라고 했다. 1분 1초가 죽을 것 같은데 기다리라니… 짜증이 났다. 그러고 몇 분 뒤, 매니저는 방이 바뀌었다며 키를 건넸다.

그런데 이게 무슨 일인가! 바뀐 방에는 시원한 바람이 쌩쌩 나오는 에어컨이 딸려 있었다! 돈 한 푼이 아쉬워 무더운 지역에서도 꿋꿋이 에어컨이 없는 방에서 지내왔는데, 이게 무슨 일인가 싶었다. 특히 이곳은 에어컨 딸린 방이 일반 방보다 5배나 비쌌다(에어컨이 있는 방은 기본적으로 3배 비싸며, 동남아를 여행할 때 가장 저렴한 방은 1박에 1,600원이었다). 알고 보니 아픈 나를 위해 친구들이 큰마음을 먹고 공금으로 방을 바꾼 것이다.

지금까지 승부의 세계에서 이겨야만 진정한 행복을 느낄 수 있다고 생각해온 내가 부끄러웠다. 친구들의 마음 씀씀이에 아

픔도 나을 것 같았다.

그날 밤, 친구들은 시장에서 직접 장을 봐서 죽을 끓여 주고, 이온 음료도 넉넉히 사다 주었다. 그리고 일정을 변경해 인도의 수도 뉴델리까지 함께 가주기까지 했다. 영 차도가 없자, 대학병원에 가보기로 한 것이다. 놀랍게도 병원에서 처방받은 약을 먹자마자 설사가 멈췄다. 나의 어리석음을 탓하며, 이후로 나는 조금만 아파도 병원을 찾는 현대의학 신봉자가 되었다.

인간관계란
뜨개질과 같다

인도 여행을 마치고 우리는 다음 행선지를 아프리카 대륙의 시작점인 이집트로 정했다. 하지만 세 명이 함께 이집트로 향하지는 않았다. 명훈이는 인도를 더 여행하길 바랐고, 나는 빨리 이집트에서 레저 스포츠를 즐기고 싶었다. 그리고 덕우는 유럽의 크로아티아에서 열리는 뮤직 페스티벌에 가고 싶어 했다. 계획은 저녁을 먹는 순간 시작되어 저녁을 마치는 순간에 끝이 났다. 각자 원하는 대로, 다시 만날 날을 기약하며 서로의 여행을 응원했다.

인도를 가장 빨리 떠난 건 나였다. 헤어지는 날 아침이 되자 우리에게는 미묘한 기류가 흘렀다. 내색하지는 않았지만, 그리울

날이 많을 거라는 확신과 아쉬움이 느껴졌다. 인도에서의 마지막 식사로 일식당에서 짬뽕을 먹으며 이야기를 나눴다.

"조심히 여행하고 또 만나자. 자주 연락하자. 아프지 말자"라며 서로를 걱정하기 바빴다. 그렇게 우리는 첫 이별을 맞이했다. 이집트로 향하는 비행기 안에서 일기를 썼다.

네팔에서 만난 프랑스 친구 미미, 인도로 향하는 버스에서 만난 동환이 형, 인도를 같이 여행한 성민이 그리고 선영 누나, 하영 누나. 그리고 동남아 여행에서 만난 친구들. 매 순간 오늘과 같은 이별이 찾아왔다. 죽음이 있으면 탄생이 있고, 입학이 있으면 졸업이 있고, 밀물이 있으면 썰물이 있듯이. 만남이 있으면 헤어지는 것도 당연한 일이다.

나는 인간관계를 뜨기는 어렵지만 풀기는 쉬운 뜨개질 같다고 생각한다. 관계를 맺는 과정은 어렵고, 이별의 시간은 기다려 주지 않기 때문이다. 마음을 열기까지 오래 걸리는 사람에게는 가혹한 일이다.

인간관계란 무엇일까? 평생 의문을 갖고 풀어야 할 숙제인 걸까? 친구나 가깝게 지낸 사람들, 언제나 내 편일 것 같은 사람들이 한순간에 남이 되고, 나와 전혀 관계없는 사람이 내 사람처럼 느껴지는 때가 있다. 남이 된다는 건 단순한 의견 차이로 싸워서 멀어진다기보다 바쁜 일상 때문에 자연스럽게 멀어지는 것을 의미한다. 반대로 만난 지 하루도 되지 않았는데 공통점이 많거나, 추구하는 바가 같으면 오래 알고 지낸 사람처럼 느껴진다.

아버지께 인간관계에 대해 물은 적이 있다. 아버지는 인간관계도 순리라고 말씀하셨다. 아버지는 나이가 들수록 내 사람은 적어지고, 그에 따라 외로움도 느껴지는 법이라며, 이별을 받아들이고 성숙해지라고 당부하셨다. 아버지의 말씀처럼, 정말로 인간관계에는 어찌할 수 없는 순리가 존재하는 걸까? 메말랐던 마음에 눈물이 차올랐다. 세월의 벽을 내 노력과 힘으로는 거스를 수 없는 걸까. 인정하고 싶지 않았다. 그래서 다짐했다. 한 번쯤은 노력으로 순리를 거슬러보자고. 바꿀 수는 없어도 순리를 늦춰보자고.

지구의 3퍼센트

죽기 전까지 세상의 모든 바다를 여행할 수 있다면, 과연 지구에 존재하는 바다의 몇 퍼센트를 볼 수 있을까? 과학적인 답을 이야기하자면, 바로 3퍼센트다. 바다의 광활함을 상상이나 할 수 있겠는가?

많은 여행자가 스쿠버다이빙* 자격증을 취득해 유명한 다이빙 포인트를 찾아 떠나는 여행을 한다. 나도 여행의 테마를 바다

---

* 스쿠버다이빙은 크게 가이드를 동반한 체험 다이빙과 홀로 장비를 착용하고 바다에 들어가는 솔로 다이빙으로 구분한다. 체험 다이빙은 낮은 수심에서 가이드의 손을 잡고, 말 그대로 스쿠버다이빙이 무엇인지 경험해보는 형태이다. 그리고 솔로 다이빙은 오픈워터(초급 과정), 어드벤스(중급 과정), 레스큐(중상급 과정), 다이브마스터(고급 과정), 강사 과정 등의 자격증이 있으며, 모두 시스템이 체계적으로 갖춰져 있기 때문에 마음만 먹으면 쉽게 딸 수 있다.

탐험으로 정하고, 한국에서 스쿠버다이빙 강습을 받았다. 자격증 취득에 드는 비용이 저렴하고, 각국 어디에서나 즐길 수 있어 도보 여행만으로는 채워지지 않는 갈망을 채우기 충분한 스포츠라고 생각했기 때문이다.

유명한 스쿠버다이빙 포인트는 황홀한 바닷속 지형과 아름다운 산호가 어우러져 있는 곳과 고래상어, 자이언트 나폴레옹피시, 만타가오리 같은 우리나라에서 보기 힘든 바다 생물이 출몰하는 곳으로 나뉘는데, 나는 여행 중 유명한 다이빙 포인트가 있으면 여지없이 물로 뛰어들었다. 그래서 나는 세계 여행을 준비하는 사람들이 조언을 구하면 스쿠버다이빙을 추천하고는 한다.

친구들과 인도에서 헤어진 뒤, 나는 홀로 이집트 다합에 도착했다. 다합은 저렴한 비용으로 스쿠버다이빙, 프리다이빙, 윈드서핑, 클라이밍 등 각종 레저 스포츠를 즐기기에 최상의 조건을 갖춘 도시이다.

이곳에 방문한 여행자는 예약해둔 비행기표를 취소하며 며칠이고 더 머무른다. 괜히 '여행자들의 블랙홀'이라는 별명을 가진 도시가 아니다. 나도 아프리카 여행을 시작할 요량으로 한 달을 계획하고 다합에 들어갔다가, 최종적으로 3개월을 머물렀다. 짜릿한 스쿠버다이빙과 그곳에서 만난 사람들은 더할 나위 없이 좋았다.

다합은 하루도 지루할 틈이 없었다. 매일 깨끗한 바다에서 물고기를 보고, 별이 가득 찬 하늘을 바라보며 맥주를 마셨다. 하루하루가 설레는 주말을 기다리는 금요일 밤 같았다. 끔찍한 월요일도, 1분 1초가 아쉬운 일요일도 없는, 매일이 주말 같은 시간이었다.

나의 조국
대한민국

이집트의 다합에서 8월 15일 광복절을 맞이했다. 그리고 이날, 나는 굉장히 의미 있는 추억을 만들었다. 따조다합이라는 한인 스쿠버다이빙 업체 사람들과 광복절 기념 이벤트를 연 것이다. 지구 반대편인 이집트의 바닷속에서 대형 태극기를 펼치는 세리머니였다.

이른 새벽부터 모인 스무 명 남짓의 우리는 대부분이 능숙한 다이버였다. 모두 하나둘 장비를 착용해 바다로 입수했고, 나도 대형 태극기를 챙겨 바다로 뛰어들었다. 세계를 여행하다 보면 애국심이 없던 사람도 애국자가 된다. 나도 그랬다. 지구 반대편의 깊은 바닷속에서 태극기를 보고 있으니 괜히 울컥했다. 나란 녀석은 눈물이 참 많다.

우리나라와 가까운 지역이 아닌, 멀고 먼 타지에서, 만나기도 힘든 한국인들과 태극기를 펼친다는 것은 지금까지 기대하고 상상한 것 이상으로 나를 되돌아보게 했다. 그리고 숙소로 돌아와 답을 내리지 못했던 문제가 떠올랐다.

네팔의 안나푸르나 서킷 트레킹에서 프랑스인 미미와 국가에 대해 이야기한 적이 있다. 미미는 대학에서 외국인 친구들과 이야기하다 보면, 유독 한국인들은 자신의 나라를 비난하고 깎아내리는 경향이 있다며 그 이유를 물었다. 한국인들은 늘 대한민국을 '살기 힘든 나라, 헬 조선, 쳇바퀴 도는 햄스터처럼 빠듯하게 사는 나라'라고 표현한다고 했다. 그러나 나는 미미의 질문에 어떤 답도 하지 못했다. 이야기를 끝맺지 못한 채 헤어진 게 늘 아쉬웠는데, 이집트에서 태극기를 펼치는 순간, 그 질문에 대한 답이 딱 떠올랐다.

나를 포함한 모두의 잘못이었다. 내 조국을 홍보는 건 나를 홍보는 것임을 그때는 알지 못했다. 이집트로 오기 전 베트남, 태국, 라오스, 캄보디아, 네팔을 여행했다. 우리나라는 지금까지 여행한 나라들과 견주었을 때, 결코 경제적으로나 문화적으로 뒤처지지 않았다. 오히려 선진국으로서 존중받아 마땅한 나라였다. 게다가 우리나라로 이주하기 위해 노력하는 모습도 본 적이 있다. 분명히 작은 땅덩이에 분단의 아픔을 가진 나라지만, 세계적으로 높은 수준을 자랑하는 우리나라를 깎아내리고 있다는 사실이 부끄러워졌다.

케네디 대통령의 명언 중에 "국가가 당신을 위해 무엇을 해줄 수 있는지 묻지 말고, 당신이 국가를 위해 무엇을 할 수 있는지 물어보라"라는 말이 있다. 가슴에 깊이 새겨 앞으로 대한민국에 자긍심을 갖고, 외국인 친구들과 이런 이야기가 나온다면 훌륭한 나라임을 알려야겠다고 다짐했다.

DDAJO ASIAN TABLE
따조 다합

하쿠나 마타타

드디어 어릴 적 즐겨보던 애니메이션 〈라이온 킹〉의 무대인 아프리카 여행이 시작되었다. 아프리카 여행은 덕우, 명훈이와 함께 에티오피아에서 남아공까지 종단하는 일정이었다.

우리는 들뜬 마음으로 아프리카의 첫 여행지인 에티오피아의 아디스아바바에 도착했다. 그러나 막상 도착하자, 비행기에서 내려다보이던 아프리카는 상상했던 것과 달라도 너무 달랐다. 뜨거운 햇볕과 광활한 초원이 펼쳐질 것만 같았지만, 현실은 비가 추적추적 내리고 있었고 지금까지 여행한 어떤 나라보다 춥고 쌀쌀했다. 물론 추위가 우리의 아프리카 여행에 대한 기대감을 낮추지는 못했지만 말이다.

에티오피아의 수도 아디스아바바는 고도가 2,400미터나 되는 고산 지대라 공기가 희박하고 기온이 낮다. 그래서 우리는 주위를 둘러볼 겨를도 없이 수하물에서 겉옷을 찾아 꺼내 입기 바빴다. 그리고 공항 밖에서 우리를 기다리고 있던 홍택이 형을 만났다. "왔냐, 꼬맹이들! 하쿠나 마타타. 반가워!" 180센티미터가 훌쩍 넘는 키에 항공모함처럼 큰 체격의 홍택이 형다운 인사였다.

이쯤에서 홍택이 형을 소개해야 할 것 같다. 홍택이 형은 회사에 사표를 던지고 여행을 온 여행자로, 이집트에서 우연히 만났다. 투박한 겉모습과 달리 주변 사람들을 아낌없이 챙겨주는 따뜻한 형이었다. 형은 혼자서 아프리카 여행을 해도 충분할 것 같은 신체 조건을 가졌지만, 그래도 특별한 추억을 만들고 싶다며 우리에게 동행을 제안했고, 우리는 그 제안을 받아들여 에티오피아에서 재회했다. 그런데 숙소에서 우리는 놀라운 일을 겪었다. 이집트의 룩소르에서 아스완까지 이동하는 2박 3일 크루즈 투어에서, 같은 방을 썼던 소명이 형을 우연히 만난 것이다! 모두 믿기지 않는 표정으로 손뼉을 맞대며 서로의 안부를 물었다. 결국 의도치 않게 다섯 명의 건장한 남자로 구성된 '5인조 아프리카 여행팀'이 만들어졌다.

그러나 아프리카 여행은 시작부터 험난했다. 다섯 명의 의견을 모으는 과정도 쉽지 않았고, 엎친 데 덮친 격으로 예약해둔 다나킬 화산 투어도 다음날로 미뤄졌다. 투어가 미뤄지니 버스표와 비행기표의 날짜도 바꿔야 했다. 일이 꼬여만 가자, 우리는 말이 없어지고 말았다.

그때 홍택이 형이 말했다. "하쿠나 마타타!" 그 말에 신기하게도 차츰 웃음꽃이 피어났다. 다 같이 큰소리로 외쳤다. "그래, 하쿠나 마타타!" 그래, 이거지. 이게 여행이지. 모든 게 내 뜻대로 되지 않는 것이야말로 진정한 여행이지. 미지의 대륙 아프리카! 앞으로의 여행에 얼마나 많은 일들이 있을지 기대되었다.

하쿠나 마타타는 '뭐든 잘 될 거야. 걱정하지 마'라는 뜻의 스와힐리어로 애니메이션 〈라이온 킹〉에서도 나오는 말이다. 우리는 여행 내내 이 말을 입에 달고 살았다. 간단명료하고, 긍정적이고, 중독성까지 있는 이 말을 우리는 아프리카 여행 4개월간 시도 때도 없이 외쳤다. 하쿠나 마타타!

다나킬 화산 투어

세계적으로 유명한 관광지에서도 감탄사 한번 쉽게 뱉지 않았던 나였지만, "우와! 우와!" 하며 감탄사를 연발한 곳이 있다. 2년간의 세계 여행 중 가장 기억에 남는 곳을 묻는다면 1초의 망설임 없이 대답하는 곳, 바로 에티오피아의 '다나킬 화산'이다.

그만큼 다나킬 화산 투어는 아프리카 여행에서 단연 최고였고, 여행 통틀어서도 가장 짜릿한 경험을 한 곳이다. 다큐멘터리나 책에서만 보던 물처럼 흐르는 용암과 그 위로 솟아오르는 불길을 두 눈으로 직접 볼 수 있다니, 그 경험을 감히 말로 표현할 수 있을까. 그리고 3박 4일간의 투어 일정에는 화산을 보는 것 외에 다양한 볼거리가 있어 만족스러웠다.

그러나 다나킬 화산 투어는 벅찬 감동만큼 고난도에 속한다.

다섯 명 모두 투어가 끝난 뒤 두 번 다시는 못할 것 같다고 입을 모았다. 그도 그럴 것이, 하루는 한기가 스멀스멀 올라오는 시멘트 바닥 위에서 시도 때도 없이 귓가를 맴도는 파리와 싸워가며 자야 했고, 하루는 45도가 넘는 야외에서 속옷만 입은 채 쉴 틈 없이 불어오는 모래바람을 맞으며 자야 했기 때문이다. 마지막 밤은 화산 지대의 아래, 산 중턱에서 보자기만 간단히 펼치고 자야 했다. 제공된 식사도 입에 맞지 않았다. 투어에 참가한 사람들 모두 음식 때문에 힘들어했다. 그러나 그들의 열악한 환경과 편의시설의 부재를 보니 상황이 이해되고도 남았다. 그렇게 과연 화산 투어를 잘 신청한 건지 의문이 들 무렵, 투어의 하이라이트인 트레킹이 시작되었다.

트레킹은 해가 저물고 어둠이 찾아오는 순간에 시작되었다. 먹을 물과 간식만 간단히 챙겨 앞이 보이지 않는 어둠 속을 2시간이나 묵묵히 올랐다. 목적지에 가까워지자 용암이 끓으면서 벽에 부딪혀 흐르는 소리가 들려왔다. 땅만 보며 걷다가 고개를 들어보니 멀리서도 용암이 펄펄 끓고 있다는 것을 알 수 있을 만큼 하늘과 주변이 붉었다. 순간, 지금까지 겪은 고생이 까맣게 잊혔다. 어둠 속에서, 두근거리는 내 심장 소리와 발소리만 들릴

뿐이었다. 그렇게 한 걸음 한 걸음 화산 가까이에 다가갔다.

불을 내뿜는 용암이 흐르는 광경을 본 순간, 입에서 나온 첫 마디는 "우와!!"였다. 감동의 느낌을 형용할 더 이상의 단어는 없었다. 이후 투어에 참가한 모두 약속이나 한 듯 한참 아무 말도 없이 부글거리며 흐르는 용암을 바라보았다.

이후 1년을 더 여행했지만, 다나킬 화산만큼의 감동을 느낀 곳은 없었다. 단연코 다나킬 화산은 내 인생에서의 넘버원이다. 용암이 흐르면서 그 사이로 뿜어 나오는 연기와 불, 보글보글 끓으면서 튄 용암이 벽을 허물고, 허물어진 벽이 떨어지며 내는 웅장한 소리와 경이로움. 그 위대한 자연 앞에서 나는 경건해졌다.

죽음의 55시간 버스 여행

보통 서울에서 부산까지 버스로 5시간이 걸린다. 그런데 서울에서 부산까지를 11번 왕복한다면? 나는 아프리카에서 그만큼의 시간을 달려보았다. 바로 우간다의 수도 캄팔라에서 출발

해 탄자니아의 다르에스살람으로 향하는 버스였다.

비행기로 빠르고 편하게 갈 수 있었지만, 우리는 시간적 여유보다 재정적 여유가 없는 사람들이었다. 대부분의 장기 여행자가 그렇듯, 우리도 고민의 여지없이 버스에 올라탔다.

원래는 우간다에서 르완다로 이동한 다음, 르완다에서 탄자니아로 이동할 생각이었다. 그러나 계획은 틀어지는 법. 우리는 모두 르완다에서 입국심사를 거절당하고 말았다. 비자를 준비하지 못했기 때문이다. 도착 비자를 받으면 된다고 생각한 우리 잘못이었다. 우리는 망연자실한 채 르완다의 국경에서 하루를 꼬박 지새웠다. 시내로 가는 버스조차 없는 곳에서 우간다의 수도 캄팔라로 되돌아가기 위한 유일한 방법은 히치하이킹뿐이었다.

다섯 명이 번갈아가며 지나가는 차를 향해 엄지손가락을 치켜세운 지 1시간쯤 지났을까, 다섯 명이 겨우 탈 수 있는 작은 경차가 우리 앞에 멈춰 섰다. 트렁크도 없는 아주 작은 경차였지만 우리에게 선택의 여지는 없었다. 우리는 작은 차에 몸을 욱여넣고 5시간을 달렸다.

계획에 없던 고생을 한 탓에 우리는 하루라도 빨리 다르에스살람으로 가고 싶었다. 그래서 돈을 조금 더 투자해서라도 가장 좋은 버스를 타기로 모두 의견을 모았다(꼭 이런 순간에만 단합이 된다).

우리를 태워준 아저씨는 친절하게도 직접 버스 정류장까지 데려다주고, 버스표 구매도 도와주셨다. 현지인이 구매해 주어서 인지 알아본 가격보다 훨씬 싸게 산 데다, 버스표에 선명하게 새겨진 리무진이라는 글을 보고 안심했다.

그러나 행복은 오래 가지 못했다. 출발 시간이 다 되도록 플랫폼에는 버스가 나타나지 않았다. 기다리고 기다려도 감감무소식이었다. 기다리기만 하다가는 버스를 놓칠 것 같아 주변에 있는 현지인들에게 물어보기 시작했다.

"버스표를 샀는데, 버스가 오지를 않아!" 그러자 사람들이 말했다. "이미 왔는데? 저기 서 있잖아"

다섯 명의 시선이 동시에 한 곳으로 향했다. 왜 항상 싸한 느낌은 틀리지 않을까. 사진에는 분명히 외관부터 남다른 버스가 있는데, 왜 곧 폐차해도 의심하지 않을 버스가 와 있는 걸까.

버스 내부는 말할 것도 없었다. 성한 의자가 하나도 없었고, 짐칸에는 건설 현장용 물품이 가득했다. 우리의 배낭은 맨 뒷자리부터 차곡차곡 쌓이기 시작했다. 처음 보는 광경에 말문이 막혔다. 그러나 힘들어서 따질 힘도 남아 있지 않아, 그냥 휴양지인 다르에스살람까지 10시간 밖에 안 걸린다는 말에 꾹 참았다(우리나라에서 10시간 이동은 상상이 가지 않겠지만, 외국에서는 흔한 일이다. 특히 버스는 비교적 저렴해 많은 여행자가 선호하는 교통수단이다).

드디어 출발 시간이 되었다. 그러나 버스는 출발하지 않았다. '곧 출발하겠지'라는 마음으로 우리는 버스 안에서 1시간이나 잤다. 그러나 한숨 잤는데도, 출발하지 않는 버스를 보자 점점 조바심이 났다. 답답한 마음에 현지인에게 물어보니 그들은 너무나 당연한 듯 말했다. "빈자리가 가득 차면 출발할 거야"

최악의 상황이었다. 결국 예정된 출발 시간을 3시간이나 훌쩍 넘기고, 빈자리는커녕 복도까지 사람과 짐으로 가득 들어찬 후 출발했다.

버스는 쉬지 않고 달렸다. 그렇게 오후 10시가 될 무렵, 갑자기 버스가 멈춰 섰다. 휴게소에 온 줄 알고 우리는 다시 잠을 잤다. 다르에스살람에서 즐기는 단꿈을 꾸는데 갑자기 허벅지가 바늘에 찔리는 느낌이 들어 화들짝 잠에서 깼다. 눈떠보니 버스는 여전히 그 자리에 멈춰 있었고, 허벅지에는 복도에 앉아서 가던 꼬마가 머리를 누인채 자고 있었다.

시간은 새벽 2시, 내 힘으로 바꿀 수 없는 운명을 거스르지 않기로 했다. 아니, 받아들일 수밖에 없었다. 그렇게 버스에 탄 지 55시간이나 지나서야 우리는 목적지인 다르에스살람에 도착했다.

아프리카는 아무것도 정해진 것이 없는 곳, 내가 알던 상식이 존재하지 않는 곳이다. 나의 상식을 강요해도 안 되며, 그들이 하는 말이 법이 되어도 전혀 이상할 게 없는 곳이다. 그게 아프리카다.

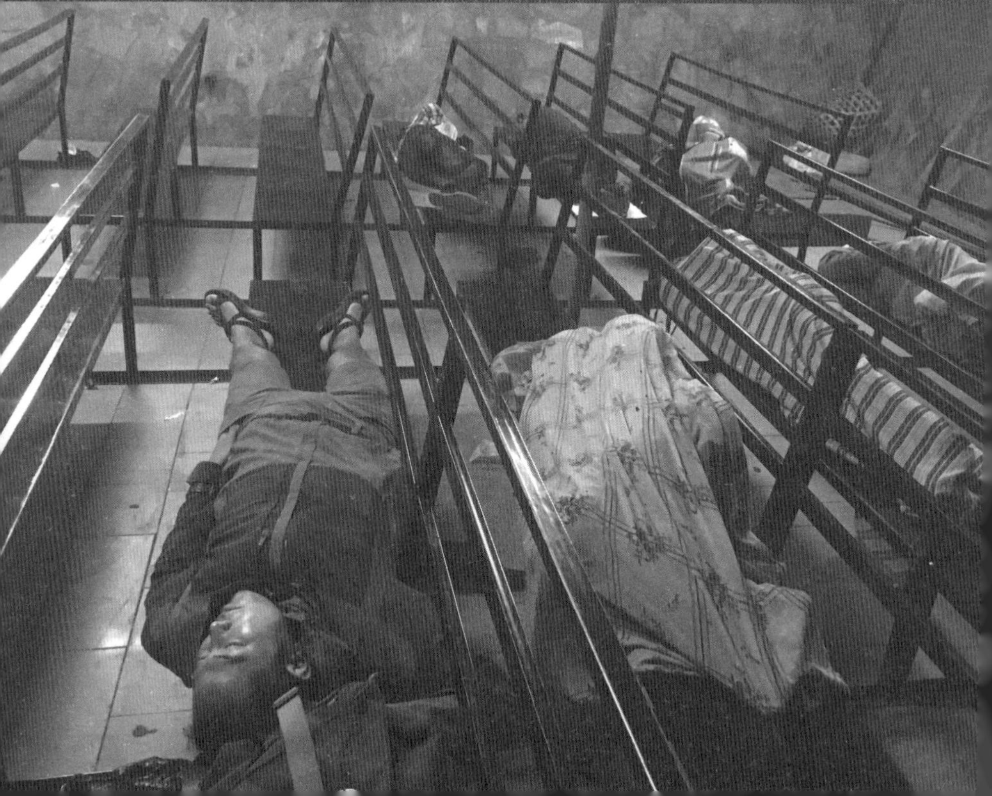

세상은 강자를 원하고,
인간은 강자에게 끌린다

아프리카에는 유명한 사파리 국립공원이 몇 개 있다. 탄자니아의 '세렝게티 국립공원', 케냐의 '마사이마라 국립공원', 스와질란드의 '밀와네 국립공원', 보츠와나의 '초베 국립공원', 남아공의 '크루거 국립공원'이다.

보통 아프리카 여행자들은 세렝게티와 마사이마라 국립공원 중 한 곳을 투어하는데, 우리는 둘 중 3배 정도 저렴한 마사이마라 국립공원으로 정했다. 사실 면적의 90퍼센트가 공원인 세렝게티가 사파리 투어에는 제격이지만, 가난한 여행자에게는 공원의 면적이 10퍼센트밖에 되지 않아도, 그만큼 싼 마사이마라가 제격이었다.

사파리 투어 역시 다나킬 화산 투어만큼 인상 깊었다. 광활한 자연을 자유롭게 누비는 야생 동물을 눈앞에서 보니 텔레비전으로만 보던 것과는 다른 벅찬 감동이 있었다.

사파리 투어는 게임 드라이브(투어를 신청한 사람들끼리 지프에 탑승해 동물을 보러 이리저리 찾아다니는 방식)로 이루어진다. 워낙 광활한 지대를 다녀야 하는 이유도 있지만, 야생 동물을 멀리서 지켜보기 위해서는 유동적으로 움직여야 하기 때문이다.

우리 다섯 명의 아프리카 여행팀은 케냐의 수도인 나이로비에서 미리 알아두었던 투어를 신청하고, 승합차의 픽업을 받아 마사이마라 국립공원으로 향했다. 멀미가 날 정도로 꼬불꼬불한 길을 수 시간 달렸다. 달리고, 쉬어 가고를 반복하며 초저녁이 되어서야 국립공원 입구에 도착할 수 있었다.

유명한 국립공원이니 입구부터 남다를 것이라 기대했는데, 기대감은 금방 깨져 버렸다. 입구에는 '여기서부터는 마사이마라 국립공원입니다. 가이드 없이는 출입을 금합니다'라는 작은 표지판만 달랑 붙어 있을 뿐이었다. 기대했던 웅장함은 없고, 문명의 발달을 받아들이지 않은 자연 그대로의 느낌이었다.

사파리 투어의 첫날이 밝았다. 투어는 대체로 사자, 표범, 치

타, 코뿔소, 하이에나와 같은 인기 동물을 찾으러 다닌다. 초식동물을 더 좋아하고 보고 싶어 하는 사람도 걱정하지 말라. 코끼리, 가젤, 얼룩말 같은 동물은 투어 내내 쉽게 접할 수 있다.

3박 4일간 야생 동물을 지켜보면서 결국 동물의 삶도 인간의 삶과 다를 바 없다는 생각이 들었다. 야생의 세계는 정해진 규칙 없이 무자비한 세계인 줄 알았는데, 내가 본 동물들은 주어진 환경 안에서 질서 있게 살아가고 있었다. 강자라고 마냥 약체인 초식동물을 잡아먹지 않았고, 자연이 주는 공평한 규칙 위에서 생존을 위한 싸움만을 해나갔다. 무리에서도 싸워 이긴 자만이 살아남고, 원하는 것을 가졌다.

인간의 세상도 그렇다. 승리한 자만이 역사를 쓴다고 하지 않는가. 강자만 살아남고, 대중도 강자에게 끌리는 세상이다. 사파리의 동물들이 나에게 보여준 삶은 강렬했다. 그리고 광활한 자연의 동물들과 내가 같은 시간대에 살고 있다는 게 경이로웠다. 내가 상상한 휘황찬란한 시각적 아름다움만 있던 건 아니지만, 숨 쉬는 그 자체로의 생명력을 느낄 수 있었다.

상어를
만나다

전날 먹다 남은 포테이토 피자와 콜라를 급하게 먹고는 예약해둔 다이빙 숍으로 향했다. 바로 샤크 다이브(Shark dive)를 하기 위해서였다. 샤크 다이브란 바닷속의 야생 상어를 보기 위한 프로그램으로, 먹이로 상어를 유인한 다음 몰려든 상어 떼 사이로 들어가 관찰하는 방식으로 이루어진다.

지금까지 날씨 복 하나는 기가 막히게 좋았건만, 이날은 새벽부터 비가 내리고, 강풍이 불어 걱정이 될 정도였다. 게다가 아프리카를 떠날 날이 다가오고 있었다. 날씨 때문에 투어가 미뤄지거나 취소라도 된다면 이런 낭패가 없었다.

다이빙 숍에 도착해 가이드에게 물어보니, 기상 조건은 나쁘지만 투어는 문제없다고 했다. 그 말에 투어에 참가한 사람들은 급히 옷을 갈아입고 장비를 챙겨 12인승 고무보트에 올라탔다. 그러나 빗줄기는 굵어지고 파도는 점점 거세지고 있었다. 300번이 넘는 다이빙으로 뱃멀미*에는 적응했지만, 이번만큼은 뱃멀미를 피할 수 없음을 직감했다.

30분 넘게 거친 파도를 뚫고 상어가 출몰하는 포인트에 도착했다. 그런데 포인트에 두둥실 떠 있는 또 다른 고무보트에 오른 순간, 아침에 먹은 피자와 콜라가 배 속에서 부글부글 끓더니, 하품과 트림이 나오기 시작했다.

선장과 선원들이 분주해졌다. 상어를 유인하기 위해 생선을 넣어둔 철통을 바다에 넣고, 돌고래 초음파 같은 알 수 없는 소리를 냈다. 그러자 놀랍게도 곧 물 밖으로 상어의 지느러미가 하나둘 보이기 시작했고, 몇 분이 지나자 상어가 떼로 몰려들었다. 입수할 시간이 다가온 것이다. 그러나 극심한 멀미로 상어에 대한 두려움은커녕, 빨리 상어가 우글거리는 바다에 들어가 배 속

---

* 멀미를 시작하기 전에 인간의 뇌는 수면을 권유하는 의미로 하품을 내보내고, 피곤함을 느끼게 한다. 물론 그 시간은 매우 짧다. 이때 잠을 자지 못하면 곧바로 울렁증과 멀미를 느끼게 된다.

의 피자와 콜라를 분출해 버리고 싶은 마음뿐이었다. 서둘러 장비를 착용하고, 산소통 밸브를 오픈하라는 선장의 신호를 받자마자 3, 2, 1… 물속으로 뛰어들었다. 그러고는 차가운 바닷물이 얼굴에 닿자마자 피자와 콜라를 상어들에게 내뿜어 버렸다!

그런데 나뿐만이 아니었다. 주위를 둘러보니 함께 입수한 아홉 명의 다이버 중 일곱 명이 출렁이는 해수면에 음식물을 마구 분출하고 있었다. 세상에 이런 진귀한 광경이 또 있을까.

구토를 하자 서서히 몸 상태가 돌아왔고, 시야도 조금씩 안정을 되찾았다. 정신을 차리고 물속 깊이 들어가 보니, 수십 마리의 상어들이 자유롭게 헤엄치고 있었다. 수족관에서 힘없이 돌아다니는 상어가 아닌, 생기 있고 힘찬 야생의 상어들이었다.

말로는 표현할 수 없는 감동이 밀려왔다. 멀미의 기억은 까맣게 잊고, 온전히 숨소리에만 의존한 채 헤엄치는 상어를 바라보았다. 순간 내가 아주 작게 느껴졌다. 광활한 자연 앞에서 나는 산소통 없이는 바다에서 숨도 못 쉬는 아주 작은 존재임을 깨달았다.

'인생은 자연의 순리대로 흘러가는 게 아닐까. 순리를 거스를 수는 없으니 흐르는 대로 스트레스 받지 않고 행복하게 산다면

성공한 삶이 아닐까' 많은 생각이 스쳤다.

그러나 그 순간도 잠시, 다시 멀미가 찾아왔다. 떠오르는 생각들을 내 것으로 정리하고 이해하기 전에… 내가 먼저 죽겠다. 살고 보자!

한 번쯤은
이런 여행을 했으면 좋겠다

나에게 기록은 여행의 일부분이다. 나는 여행하는 동안 글과 영상으로 꼼꼼히 기록을 해나갔다. 그래야 또 다른 여행자들에게 도움을 줄 수 있고, 당시의 기억을 선명하게 떠올릴 수 있기 때문이다. 그러나 쿠바를 여행하며 생각이 바뀌었다.

멕시코와 미국 사이에 위치한 쿠바는 전 세계에 몇 남지 않은 사회주의 국가이다. 그래서 자유로운 여타의 나라들과는 분위기가 다르다. 쿠바는 휴지 같은 생필품을 정부에게서 매달 공급받으며, 1961년 미국의 봉쇄정책으로 50년은 족히 넘은 클래식 카들이 아직도 도로를 달린다. 당연히 써브웨이나 맥도날드 같은 세계적인 체인도 없고, 휴대폰 로밍이나 유심 칩 구매도 쉽지 않다. SNS와 인터넷을 하려면 무조건 와이파이만 사용해야 한다. 게다가 와이파이마저 지정된 곳, 허용된 곳이 아니고는 사용할 수 없다. 숙소에 누워 휴대폰을 만지거나 노트북을 사용하는 건 꿈도 꿀 수 없다는 말이다. 쿠바의 분위기가 조금은 느껴지는가?

쿠바는 이런 특별한 환경과 분위기 때문에 많은 여행자가 가장 매력적인 나라로 꼽는 곳이자, 인터넷을 필수로 사용하는 여행자들에게는 답답함을 선물하는 나라이다.

나는 넉넉하게 3주를 계획하고 쿠바에 들어갔다. 그러나 도착한 지 사흘 만에, 당장이라도 쿠바를 떠나고 싶어졌다. SNS를 하지 못하는 시간이 나를 불안하게 만들었다. 하지만 며칠이 지나자 휴대폰을 숙소에 두고 카메라와 지갑만 간단히 챙겨 나가는 게 익숙해지기 시작했고, 여행에 집중할 수 있는 시간이 생겼다. 휴대폰이 없으니 동행과 이야기하는 시간이 늘며 그 자체가 하나의 여행이 되기도 했다.

쿠바의 수도 하바나에는 '말레꼰'이라는, 일몰이 아름다운 장소가 있다. 여느 때와 다르지 않게 일몰이 잘 보이는 잔디에 앉아 해가 지기를 기다리며 맥주를 마실 때였다. 해가 조금씩 저물며 일몰은 절정을 향해 달려가고 있었다. 일몰의 순간을 남기기 위해 나는 카메라를 꺼냈다. 그때, 옆에 있던 처음 보는 현지인이 내게 말을 걸었다. "카메라 몇만 화소예요?"

2,400만 화소라고 대답하자, 그는 다시 물었다. "우리 눈은 몇만 화소인지 아세요?" 어중간하게 5,000만 화소쯤 되지 않을까 대답하자, 그는 "1억만 화소예요. 현대 기술로는 절대로 인간의 눈과 같은 화소의 카메라를 만들 수 없어요. 사진으로 순간을 남기는 것도 좋지만 한 번쯤은 온전히 당신의 눈으로 가슴 속에

사진을 남기는 것도 참 좋아요"라고 말했다.

그의 말이 맞았다. 영상과 사진으로 모든 순간을 기록하는 것도 좋지만 가끔은 그 벅찬 감동을 맨눈으로 가슴 속에 담아 보자. 생각보다 그 감동은 잊히지 않고 오래 간다. 어쩌면 인화한 사진보다 선명히 가슴 속에 남아 있을 지도 모른다.

도전하든가,
만족하든가

도전이란 무엇일까? 사전적으로는 '정면으로 맞서 싸움을 걺. 어려운 사업이나 기록 경신 따위에 맞섬을 비유적으로 이르는 말'이다. 운동선수에게는 기록의 한계에 혹은 경쟁자와의 경쟁에서 승리를 쟁취하기 위한 일일 테고, 취업 준비생에게는 입사나 원하는 분야의 성공을 위한 일일 것이다. 어쨌든 사람들은 각자의 목표를 달성하기 위해 노력하고 또 도전한다.

나는 결코 도전을 좋아하지 않는다. 아직도 경험해보지 않은 일에는 두려움이 앞서며, 그 두려움 때문에 결단하는 데 오래 걸리고 신중하다.

그러나 많은 사람이 나를 '도전가'라고 부른다. 결국, 나에게 여행과 도전은 나를 알아가는 과정이 아니었나 싶다. 실패할지라도 그 과정에서 얻는 행복이 가장 값지다 믿으며 지금까지 달려왔다. 나도 처음에는 세계 여행을 용기 있는 사람만 도전하는 특별한 일이라고 생각했다. 그러나 막상 경험해보니 아무 것도 아니었다. 그리고 아무 것도 아님을 깨닫자 용기가 생겼다.

많은 사람이 무언가 도전하고자 할 때, 남들 눈에 띄거나 거창해 보이는 도전을 하고 싶어 한다. 그러고는 각자의 환경과 사정, 또는 재정적 부담, 시간적 여유가 없다는 이유로 선뜻 실행하지 못한다. 그러나 도전은 꼭 세계 일주 같은, 쉽게 도전하기 힘든 일이 아니어도 된다. 당장 집 밖으로 나와 무언가를 해보는 것도 도전의 시작이 될 수 있다. 많은 사람과 교감하며 직접 자신의 눈으로 세상을 보라. 그것만으로도 충분하다.

겁먹지 말자. 집 밖으로 나오는 순간부터가 시작이다. 집이라는 공간이 휴식의 공간이 되기보다 나태함의 공간이 된다면 진지하게 생각해보자. 집은 당신의 가능성을 담아내기에는 너무 작은 공간이다. 도전하든가, 만족하든가 둘 중 하나이다.

PART
3

발전이 없어도 좋다, 물러나지만 않으면 된다

4,300킬로미터

여행이 지루해졌다. 2017년 11월 21일, 남아공 케이프타운의 희망봉에 올랐을 때의 일이다. 희망봉은 포르투갈의 항해사 바르톨로뮤 디아즈가 인도양에 가다가 처음 발견한 땅이자, 모험가들의 안녕을 바라며 기도하는 땅이다. 내가 희망봉에 올랐을 때는 거센 바람이 모자를 날려버릴 듯 불고 있었다. 한 손으로 모자를 꾹 누른 채 먼 바다를 보라보았다.

주변을 둘러보니 남미에서 온 가족들이 숙연하게 기도를 하고 있었고, 명훈이와 덕우는 깊은 생각에 잠겨 있었다. "이야, 멋지다…" 나는 무미건조한 감탄사를 뱉었다. 갑자기 여행이 드라마 속의 뻔한 장면처럼 느껴졌다. 나는 왜 여기에 있나. 만인의 랜드마크가 나에게 무슨 의미가 있나.

그즈음, 어느 여행자의 SNS를 통해 미 서부 4,300킬로미터를 종단하는 '퍼시픽 크레스트 트레일(PCT)*'을 알게 되었다. 미국 3대 트레일 중 가장 힘들고 험하다는 PCT. 그 존재를 알고 나서 스토커처럼 PCT 종주자들의 SNS를 팔로우하며 정보를 모았다. 그들의 짧은 감상을 읽는 것만으로도 가슴이 두근거렸고, 결국 아프리카 여행 내내 머릿속에 PCT만 맴돌 지경이었다.

PCT 완주는 보통 6개월이 걸리며, 노보 트레킹은 3~5월이 적기이고, 소보 트레킹은 7~9월이 적기이다. 겨울이 되면 폭설로 길이 막힐 수 있어 대부분의 하이커는 완주를 위해 구간마다 적합한 시기를 맞춰 걷는다.

계산해보니 때마침 남미 여행이 끝나는 시기는 4월이었고, 2개월 정도 PCT를 준비할 수 있었다. 2개월 안에 비자부터 하이킹 장비 마련까지 해야 할 게 많았다. 하지만 가장 큰 난관이 하나 있었다. 바로 부모님을 설득하는 일이었다.

---

* PCT는 'Pacific Crest Trail'의 약자로 멕시코 국경에서 캐나다 국경까지 도보로 완주하는 것을 뜻한다. 멕시코의 국경 마을 캄포에서 캐나다 최북단의 국경 지대인 매닝파크까지, 남쪽에서 북쪽으로 걷는 것을 '노보(North Bound)'라고 하며, 이와 반대 방향으로 걷는 것을 '소보(south bound)'라고 한다.

부모님께서는 내가 1년 동안 아프리카와 남미를 여행하며 고생한 것을 알고 계셨기 때문에 남은 여행은 안전하고 편한 유럽을 여행하길 바라셨다. 그러나 부모님의 마음을 뒤로한 채, 새벽에 장문의 메신저를 보냈다.

"거창한 이유는 없어. 일상이 되어버려 익숙해진 여행을 떠나, 그 길을 걸으며 외로움을 맞이하는 나를, 하이킹하며 괴로워하는 나를, 이 길을 왜 걸었을까 후회하는 나를, 마지막으로 완주하고 기뻐하는 나를 상상하며 새로움을 느끼고 싶어. 이 도전이 성공할지 실패할지 잘 모르겠어. 옳은 선택인지 아닌지도 모르겠어. 하지만 쉽게 포기하지 않고 꼭 이겨낼게. 사랑해"

부모님은 나의 진심을 알아주셨고, 그렇게 나의 4,300킬로미터 PCT 도전이 시작되었다.

PCT의 시작

2018년 5월 9일, 오후 12시 34분. 드디어 PCT 출발 지점인 멕시코의 국경 마을 캄포에 섰다.

2014년 해남 땅끝마을에서 파주 임진각까지 600킬로미터 도보 여행, 2015년 대한민국 전국 도보 여행, 2017년 네팔의 히말라야 토롱라 패스 트레킹, 2018년 아르헨티나의 파타고니아 트레킹을 통해 나름 장거리 하이킹에는 자신이 있는 상태였다. 적어도 물리적인 고통 때문에 하이킹을 포기하는 일은 없을 거라 자부했다.

그러나 미 서부 장거리 하이킹인 PCT는 우리나라의 국토대장정과는 급이 달랐다! 아스팔트 평지를 걷던 국토대장정과 달리,

PCT는 오르막과 내리막이 반복하는 산길을 걸어야 했다. 게다가 물도 부족하고, 휴대폰도 터지지 않았으며 주변에 상점 하나 없는 길이 반복되었다. 마을 자체가 없었다고 해도 무방하다.

우리나라에서 국토대장정을 할 때는 목이 마르면 편의점에서 쉽게 물을 살 수 있었지만, 이곳에서는 갈증을 참으며 목적지에 도착해봤자, 소금쟁이와 죽은 벌레가 떠다니는 웅덩이만 있을 뿐이었다.

40도가 육박하는 캘리포니아의 뙤약볕 아래에 어깨가 맥없이 처졌다. 장딴지와 허벅지에는 알이 배기고, 온몸의 근육은 빨래 짜듯 죄어왔다. 게다가 배낭은 바윗돌을 넣은 것 마냥 천근만근이었다. 어깨가 너무 아파 배낭끈을 번갈아 부여잡고 허리를 숙인 채 걷고 또 걸었다. 배낭끈에 살이 쓸려 허리와 골반에는 상처가 났고, 첫날에는 오후 5시도 안 되어 걸음을 멈추었다. 고작 9.1킬로미터. 앞으로의 고난을 예고하고 있었다.

인생을 걸 만한 도전

마라톤 풀코스는 42.195킬로미터이다. 이 마라톤 풀코스의 두 배 거리를 하루 만에 걷는다면? 그것도 평지가 아닌 오르막 내리막의 험난한 산길로.

누구에게나 인생을 걸 만한 도전이 있다. 나에게는 마라톤 풀코스의 두 배에 해당하는 85킬로미터를 쉬지 않고 걸은 일이 그렇다. 앞으로 나아갈 것인가, 포기할 것인가의 갈림길에서 나는 나의 한계를 뛰어넘기로 했다. 그리고 그 결정은 나에 대한 고정관념을 깨기에 충분했다.

해남 땅끝마을에서 파주 임진각까지 600킬로미터를 종단하는 국토대장정에 참가했을 때다. 하루에 40킬로미터를 걸으니,

발에 물집이 생기고 발목과 무릎이 아팠다. 그래서 '인간이 한여름 무더위에 60킬로미터 이상 걷는 건 불가능하구나'라고 생각했다. 그러나 PCT에 참가할 때만큼은 마음가짐부터 달랐다. 운동선수, 의사, 교수, 학생, 작가와 같은 다양한 직업군에 남녀노소 가릴 것 없는 많은 사람이 여정을 함께했다. 길 위에서 보여준 그들의 무한한 긍정 에너지를 보고 있으면, 나도 내 한계를 뛰어넘을 수 있을 것 같았다.

어느 날이었다. 날짜를 잘못 계산하는 바람에 보급받은 식량 배분에 문제가 생겼다. 갈 길은 먼데 남은 식량은 딱 하루치였다. 남은 식량을 적게 나눠 먹으며 제날짜에 가느냐, 먹을 만큼 먹고, 두 배 정도 빨리 걸어 빨리 식량을 살 수 있는 마을까지 가느냐, 그것이 문제였다.

닷새간 230킬로미터를 쉼 없이 걸어온 상태였고, 제대로 잠을 잔 적이 없어서 너무 지쳐 있었다. 하루라도 빨리 마을에 도착해 쉬고 싶은 마음이 간절했다. 그래서 85킬로미터를 한번에 걷기로 마음먹었다. 전혀 근거 없는 자신감은 아니었다. 2,000킬로미터의 거리를 2개월이나 걸어왔으므로, 어느 정도 하이커다운 몸이 만들어졌을 터였다.

나는 보통 새벽 5시에 일어나 5시 30분에 하이킹을 시작하고, 하루 평균 40~45킬로미터를 걷는다. 그러나 그날만큼은 평소보다 1시간 일찍 일어나 출발했다. 침낭을 구겨 넣은 배낭을 지고, 새벽이슬이 마르기도 전에 일어섰다. 먹을 게 없어서 그런지 배낭은 깃털처럼 가벼웠다. 중간중간 계곡이 있어서 물이 부족할까 봐 걱정하지도 않았다. 발걸음이 날아갈 것만 같았다.

오후 12시까지 쉼 없이, 속보로 뛰듯이 걸었다. 지도를 보니 시간당 5.2킬로미터씩, 총 32킬로미터를 이동했다. 앞으로 50킬로미터를 더 걸어야 한다는 현실에 암담해졌다. 점심으로 마지막 남은 토르티야에 고열량의 누텔라 초코 잼과 견과류를 뿌려 먹었다. 점심시간 1시간이 10분처럼 흘러갔다. 배가 부르니 한숨 자고 싶은 마음이 나를 유혹했다. 그러나 먹을 것 없는 텅 빈 배낭을 보고 있으니 한 발자국이라도 더 나아가야 했다. 결국 점심을 먹고 새벽이슬에 젖은 침낭과 옷을 말릴 새도 없이 무거운 발걸음을 옮겼다.

시간당 4.5~5킬로미터의 속력으로 2시간씩 10킬로미터를 끊어 걸었다. 오후 6시가 되자 마을까지 남은 거리는 28킬로미터. 노을이 지고 어둠이 찾아오고 있었다. 주변이 컴컴해질수록 발걸음이 조급해졌다. 피곤함과 배고픔이 몰려오자 급기야 정신적 고통이 찾아왔다. 85킬로미터를 걷는 건 불가능한 게 아니었나 의심하기 시작했다. 오후 8시. 발걸음을 멈추었다. 가지고 있던 마지막 간식인 초코바를 먹고 포기할지, 더 나아갈지 결정해야 했다.

그때였다. 칠흙 같은 산속에서 갑자기 무언가가 걸어오는 소리가 들렸다. 사슴인가? 점점 가까워지는 소리에 나는 정체를 알기 위해 우뚝 섰다. 곰인가? 갑자기 무서워졌다. 그러나 내 앞에 나타난 건 영화 〈캐리비안의 해적〉에 나오는 올랜도 블룸을 똑 닮은 잘생긴 청년이었다. "너 PCT 하이커니?" 그가 물었다. "응. 너 얼마나 더 갈 거야?", "확실히는 모르겠어" 그래서 내가 물었다. "나랑 마을까지 같이 갈래?"

"물론이지. 왜 안 되겠어?"

그는 동갑내기인 아구스틴이라는 청년이었다. 그는 내게 많은 영향을 준 친구 중 한 명이 되었는데, 보고 있으면 동갑이라고는 믿기지 않을 만큼 삶을 대하는 자세가 진지했고, 고난과 시련에 대한 생각도 남달랐다.

우리는 마을로 향하는 동안 어둠 속에서 많은 이야기를 나누었다. 그리고 그의 PCT에 대한 흥미로운 이야기에 시간 가는 줄 몰랐다. 아구스틴은 PCT를 87일 만에 완주했다. 4,300킬로미터의 산길을 87일 만에 완주한다는 건 아직도 상상이 되지 않지만, 그는 남들과는 조금 다른 목표로 그 길을 걷고 있었다.

미국에는 3개의 대표적인 장거리 트레일이 있다. 우리나라 사람에게 가장 많이 알려진 4,300킬로미터 PCT, 5000킬로미터의 가장 긴 거리를 자랑하는 '콘티넨털 디바이드 트레일(CDT, Continental Divide Trail), 미국의 동부를 가로지르는 3,800킬로미터의 '애팔래치아 트레일(AT, Appalachia Trail)'이 그것이다. 아구스틴은 이 3대 트레일을 1년 안에 완주하는 것이 목표였다. 나는 그를 2주간 따라다니며 초경량 하이킹에 대한 노하우를 습득했다. 옷을 최대한 가볍게 꾸리는 법과 최소한의 식재료로 영양가 있는 식사를 준비하는 법을 배웠다. 그리고 힘들면 쉬어가는 것도 멘털을 유지하는 비법이라는 것도 배웠다. 그와의 만남은 PCT 종주에 큰 도움이 되었다. 물론 그와 끝까지 동행하지는 않았다. 아니, 못했다고 하는 게 옳다. 그의 속도는 도저히 따라갈 수가 없었다.

나는 그와 함께 마을에 도착했다. 총 19시간이 걸렸다. 불과

어제까지만 해도 60킬로미터 이상을 걷는 건 불가능하다고 여겼는데, 오늘은 한계를 넘은 것이다. 앞으로는 직접 경험하지 않은 일에 대해서는 무엇도 판단하지 말자고 뼈저리게 다짐했다.

고난과 시련은 누구도 측정할 수 없다. 중요한 건 다가온 고난과 시련을 대하는 태도이다. 30킬로미터를 함께 걷는 동안, 그는 나와는 달리 긍정적인 생각을 하는 데에 에너지를 썼다. 긍정적인 생각은 용기가 되고, 부정적인 생각은 걱정과 후회가 된다는 걸 왜 몰랐을까.

'피할 수 없다면 즐겨라'라는 말처럼 자신을 믿고 한 번쯤은 무모해지길 바란다. 내가 얼마나 대단한 사람인지, 내가 가진 특별함은 무엇인지를 발견할 수 있을 테니까 말이다.

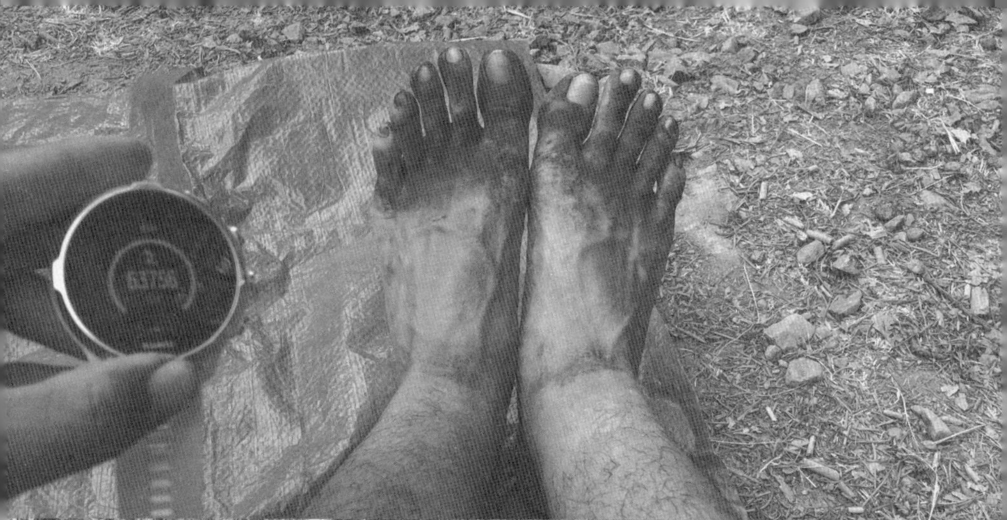

명훈아 고마워

PCT는 같은 길을 걸어도 길을 걷는 이마다의 방식이 있다. 타고난 체력이 다르고, 길을 걷는 이유가 다르고, 추구하는 가치가 다르기 때문이다. 완주 후 얻는 것도 다르다.

나는 PCT를 통해 나의 밑바닥을 보고 싶었다. 한계에 부딪혀 보길 원했다. 그 단 하나의 감정을 느껴보기 위해 13시간이나 비행기를 타고 지구 반대편으로 날아온 것이다. 나는 최단 시간에 PCT를 완주하는 걸 목표로 했다.

그리고 한국인은 정말 어디에나 있다. PCT의 길 위에도 한국인이 있었다. 어쩌다 만나면, 우리말로 대화할 수 있다는 것 자체만으로 외로움과 고된 기억이 씻겨 내려가는 것 같았다. PCT에 참가한 대부분의 한국인은 마을에서 유명한 음식점에서 식사를 하고, 너무 힘들면 일주일 이상을 쉬어가기도 했다. 게다가 마을마다 한국인이 단체로 묵을 수 있는 캠핑장도 있었다. 산속에서 한국인과 이야기를 나누며, 그들이 보여주는 맛있는 음식 사진과 마을에서의 행복했던 추억 이야기를 듣고 있노라면 내가 세운 기준과 목표가 옳은 걸까 의문이 들었다. 서서히 즐기면서 할 수도 있는 하이킹을, 나만 빠르게 완주하는 데에 목표를 두었는지 혼란스러웠다.

고민이 계속되자 나는 뒤따라 열심히 걷고 있는 명훈이에게 전화를 했다. 원래 주변 사람에게 고민을 털어놓는 성격이 아니어서 늘 혼자 애를 먹고는 했는데, 그날은 명훈이에게 술술 고민을 이야기하며 조언을 구했다. 명훈이는 내 고민을 듣자마자 말했다. "이 길을 걷는 하이커들은 너처럼 안 하는 게 아니라 못하는 거야. 너의 정신력, 너의 속도, 너의 끈기가 합쳐져서 만든 너만의 목표를, 나는 따라 할 수 없었어. 너만 할 수 있는 도전이니 끝까지 해봐. 그리고 네가 제일 잘하는 거 있잖아. 끝까지 밀어붙이는 거!"

그날 이후, 나는 나를 한 순간도 의심하지 않았다. "명훈아, 고마워. 네 덕분에 이 길을 완주할 수 있었어"

THIS IS AN ACTIVE BEAR AREA. TO HELP PROTECT
AT-RISK BEARS & PREVENT DAMAGE TO VEHICLES &
OTHER PROPERTY, KEEP ALL ITEMS OF SCENT (FOOD,
DRINK, TOILETRIES, COSMETICS, FILM, ETC.) AND
THEIR CONTAINERS IN STORAGE LOCKERS PROVIDED.
PLACE ALL TRASH AND GARBAGE IN BEAR RESISTANT
CONTAINERS PROVIDED. CAMPERS, SPREAD
DISHWATER ON GROUND AWAY FROM CAMPSITES.
NEVER FEED OR APPROACH BEARS.

곰과의 조우

PCT는 4,300킬로미터의 긴 트레일인 만큼 여러 유명한 국립공원이 루트 안에 포함되어 있다. 특히 캘리포니아 주의 '요세미티 국립공원'은 웅장하고 아름답기로 유명해 많은 하이커가 기대하는 구간이다.

그러나 조심해야 할 것이 있다. 바로 흑곰이다. 이곳에서 흑곰이 사람들의 식량을 건드리는 일은 매우 흔하다. 그래서 요세미티 국립공원에 입장하기 위해서는 반드시 개별적으로 곰 통*이

---

* 흑곰이 음식 냄새를 맡고 하이커와 관광객들의 식량을 망가뜨리는 것을 방지하기 위한 철제 음식 보관 통이다. 곰이 열 수 없도록 특수 제작되어 있으며, 음식뿐 아니라 냄새가 나는 모든 물건을 곰 통에 보관해야 한다. 흑곰은 인간보다 후각이 300배나 발달해서, 냄새를 맡고 내려와 음식을 빼앗거나 텐트를 망가뜨리는 일이 흔하다.

라는 통을 준비해야 한다(하이커뿐 아니라 관광객도 마찬가지이다. 곰 통이 없으면 입장이 불가하다). 하이커들은 곰의 습격을 막기 위해 곰 통에 식량을 보관하며, 캠핑을 하는 곳에서 15미터 이내의 거리에 잠자리를 마련해야 한다. 그러나 곰 통은 2킬로그램이나 되며 부피가 커서, 들고 다니느라 가장 힘든 구간이라고 말하는 사람도 있다.

나도 드디어 요세미티 국립공원에 들어섰다. 여느 때와 다름없이 고개를 푹 떨구고 땅만 보며 걷고 있는데, 뭔가 큰 바위가 하나 나타났다. 바위를 에둘러 가려고 고개를 드는 찰나, 갑자기

서늘한 느낌이 들었다. 이건 뭐지? 여자의 촉이라는 걸 내가 느낄 수 있다면 이런 느낌인 걸까?

한 5미터 정도를 사이를 두고 눈앞에 서 있는 건, 어미 곰과 새끼 곰이었다. 공원 관리자들은 성체의 곰을 만나면 조용히 지나가라고 했지만, 어미와 새끼를 만나면 조심하라고 했다. 신경이 예민해진 어미 곰이 공격할 수도 있기 때문이다. 물론, 어미 곰과 새끼 곰을 만나는 일은 매우 희박하므로 걱정하지 말라는 말과 함께.

멀쩡히 길을 걷다가 곰을 만나는 사람이 있다면 극히 소수의 사람이겠지, 운이 엄청나게 나쁜 사람이려니 했다. 그런데 그게 나일지 누가 알았겠는가! 그것도 예민하다는 어미 곰을! 나는 공포에 휩싸여 소리조차 지를 수 없었다. 공격해오면 나는 꼼짝없이 당할 수밖에 없는 거리였다. 너무 무서워서 몸에 감각이 없어지고, 심장 뛰는 소리만 환청처럼 들렸다. 오줌을 지린다는 게 이런 거구나 싶었다. 몇 초가 몇 시간처럼 느껴지고, 부모님께 미안한 마음이 수만 번 지났다.

순간, 믿기지 않는 일이 일어났다. 새끼 곰이 나를 보고 화들짝 놀라서 숲속으로 도망치기 시작한 것이다. 어미 곰도 새끼를 따라 급히 사라졌다. 살았다. 나는 살았다. 인생의 모든 행운을 이 순간에 몰아서 썼구나. 지금까지 나쁘게 살지는 않았구나. 신께서 나는 아직 아니라고 생각하셨구나. 이렇게 평생 잊지 못할 에피소드가 하나 더 늘었다. 그렇다면 요세미티 국립공원에서 곰을 만날 경우에는 어떻게 해야 할까.

1. 등산 스틱을 들고 만세 동작을 해 몸집이 크게 보이게 한다.
2. 배낭을 머리 위로 천천히 들어 올려 키가 커 보이게 한다.
3. 절대로 등을 보이지 말고, 그대로 뒷걸음쳐 자리를 물러난다.
4. 눈이 마주치면 절대로 눈을 감지 않는다(눈을 감는 순간 달려든다).

지금도 사람들이 "곰을 실제로 마주하면 어떤 느낌이에요?"라고 묻는다. 그 물음에 답하자면, "새끼 곰은 정말 나만 했다. 혹은 나보다 조금 작았을 수도 있다. 그리고 어미 곰은 키가 2미터는 족히 넘는 건장한 성인 남성이, 히말라야를 등정할 때 입는 검은색 두꺼운 점퍼를 네다섯 겹 껴입은 것처럼 보였다. 그리고 실제로 마주하면 아주 무섭다"라고 말하고 싶다. 나는 그날 일생일대의 두 가지 교훈을 얻었다.

착하게 살자.
인간이 곰과 싸워 이겼다는 말은 믿지 말자.

지나고 나서야 알게 되는 것들

PCT도 2년간 함께 세계 여행 중인 덕우, 명훈이와 같이 시작했다. 우리 셋은 아프리카와 남미 여행을 함께하며 위험한 순간을 이겨낸 동지이기도 하다. 그러나 이별은 생각보다 일찍 찾아왔다. 의견 차이 때문이 아니라, 단순히 걷는 속도가 달랐기 때문이다. 근육의 피로가 회복하는 데 걸리는 시간도 달랐다. 시간이 흐를수록 각자의 운행 리듬이 서로를 방해하고 있다는 걸 느꼈다. 그래서 우리는 각자의 속도로 걷고, 최종 목적지인 캐나다 국경에서 만나기로 했다. 출발한 지 2주 만의 일이다.

결과적으로 그때의 선택은 아쉬움으로 남았다. 4,300킬로미터를 홀로 걸으며 나에게 집중할 수 있는 밀도가 높아지고, 그로 인해 성숙했을 것이며, 다양한 친구를 사귈 수도 있었지만 이를 나눌 사람이 없다는 게 공허하다. 이별의 순간, 내가 먼저 친구들에게 손 내밀었다면 끝까지 함께하지 않았을까.

그때도 이런 마음을 한국에 계신 부모님께 말씀드린 적이 있다. "친구들과 2년 동안 여행하면서 최선을 다해 사랑하고, 후회 없는 선택을 했다고 생각했는데 지나고 보니 또 후회하는 게 생겼어. 참 아쉽네" 그러자 아버지가 말씀하셨다. "너무 작은 것들까지 신경 쓰고 사랑하면, 결국 네가 사랑한 것들이 너를 힘들고 울게 한단다"

아무 일 아닌 것처럼 무뚝뚝하게 말씀하시는 아버지의 말씀에 울컥하고 말았다. 아버지의 말씀이 옳다. 영원한 건 없다. 사랑에도 끝이 있고, 만남 뒤에는 이별이 있으며, 끝이 없을 것 같은 여행에도 끝이 있다. 내가 사랑한 것들은 나를 울게 했고, 내가 사랑할 것들도 나를 울게 할 것이다.

생각이 깊어지며 부자의 대화에는 정적이 흘렀고, 나는 오랫동안 그 자리를 지켰다. 여행을 하며 현실에 충실하고, 인연을 소중히 생각해왔기에 마음이 복잡해졌다. 그리고 그날 밤 결국 잠을 설쳤다.

포기는 도피가 아니라
다른 선택일 뿐

나는 PCT를 106일 만에, 한국인으로서는 최단 기록으로 완주했다. 그러나 PCT 완주는 매우 힘들다. 완주하는 사람이 30퍼센트도 되지 않는다. 쉽게 말하면 열 명이 도전한다면 세 명만 완주하는 꼴이다. 실제로 길을 걷다보면, 도전을 포기하고 집으로 돌아가는 수많은 하이커를 볼 수 있다. 나도 포기하고 싶은 순간이 셀 수 없이 많았다. 처음에는 SNS에 힘찬 포부를 표출하고 나선 길이기에 일상으로 돌아가는 게 부끄러워 참았다.

그러나 포기하는 이들은 육체적, 정신적 고통과 극심한 스트레스가 찾아오자 망설임 없이 포기해 버렸다. 복잡하게 생각하지 않았다. 행복을 찾기 위한 도전과 여행인데 그렇지 않다면 과감히 포기했다.

나는 그날그날 운행 거리를 계획하고, 무슨 일이 있어도 계획한 대로 이루려고 노력했다. 그 과정에서 받는 스트레스는 당연하다고 여겼다. 그러나 시간이 흐를수록 나는 눈에 띄게 지쳐갔다. 생각해보면, 이전에 스쿠버다이빙, 스카이다이빙, 서핑 등의 레저 스포츠를 배울 때도 나는 풀리지 않는 일에 대해 유연하게 대처하지 못하고 극심한 스트레스를 겪은 것 같다.

한국인은 유독 주변 사람들의 시선 때문에 포기를 부끄럽게 여기며, 더는 하고 싶지 않은데도 참는다(외국인들이 "한국인들의 깡은 세계 최고다!"라고 하는 말이 괜히 나온 게 아니다). 그러나 나는 포기 대신, 길 위에서 나는 천천히 내려놓는 법을 배웠다. 씻지 못하는 답답함을 참는 법, 뜻대로 되지 않는 계획을 인정하는 법, 주위 사람들의 시선을 의식한 삶이 아니라 나만을 위한 선택과 결정… 두 걸음의 도약을 위한 한 걸음의 후퇴랄까.

살다 보면 선택의 순간이 온다. 그만둘 것인가, 계속 나아갈 것인가. 그러나 후회하지 않을 만큼 모든 걸 쏟아부었는데도 여전히 그대로라면, 나는 그만둬도 괜찮다고 말해주고 싶다. 시작해야 할 때가 있듯이 그만둬야 할 때도 있고, 그만둔다고 나약한 게 아니라고 말해주고 싶다. 그만두는 것도 하나의 선택이며, 놓아야만 보이는 것도 있다.

1,260마일

밤이 되어도 불이 꺼지지 않는 도시인 라스베이거스에 도착했다. 라스베이거스는 가난한 여행자에게 걸맞은 도시는 아니다. 앞에 놓인 꿀을 보고도 먹지 못하는 곰과 같은 꼴이랄까.

가난한 우리가 화려한 유흥의 도시에서 할 수 있는 게 없다

는 걸 알자 여행에 대한 흥미가 뚝 떨어졌다. 고급 호텔과 유명한 레스토랑이 즐비한 거리의 허름한 모텔에 숙박하면서 햄을 넣은 라면이나 먹고 있다니… 그래서 우리는 영화 〈트랜스포머〉의 촬영지인 후버 댐만 보고 빨리 도시를 떠나기로 했다.

우리는 아침 일찍 판자로 만든 모텔을 빠져나와 후버 댐*으로 향했다. 사실 실망이 커서 후버 댐도 기대하지 않았다. 그러나 조금씩 모습을 드러내는 후버 댐 앞에서 우리는 흥분하고 말

* 후버 댐(Hoover Dam)은 콜로라도 강의 협곡을 막아 만든 댐으로 길이 441미터, 높이 221미터에 달하는 인류 최대의 콘크리트 건축물 중 하나이다. 미 서부 지역의 산업 용수와 식수, 캘리포니아의 농업에 매우 중요한 위치를 차지하며, 라스베이거스 또한 후버 댐 건설 노동자들이 여가를 보내면서 성장한 도시이다. 영화 〈트랜스포머〉에서는 메가트론을 은닉한 장소로 나와 많은 사람의 호기심을 자극했다.

았다. 책에서 보던 것과는 비교도 안 될 정도로 웅장했다. 인터넷에는 1시간이면 충분히 보고도 남을 정도라고 했지만, 우리는 3시간 가까이 머물렀다. 현장에서 후버 댐이 만들어진 유래와 건설 방법을 찾아보니 더욱 흥미로웠다.

후버 댐을 보고 우리는 다음 목적지를 검색하다가, 문득 캐나다의 밴쿠버가 떠올랐다. 구글 지도에 밴쿠버를 입력해보니 정확하게 1,260마일! 약 2,027킬로미터로, 차를 타면 17시간이 걸리는 거리였다. 운전만 잘하면 아무 문제가 없는 일정이었다. 여행은 즉흥적인 게 가장 짜릿하다고 했다. 우리는 직진 본능으로 어느새 고속도로를 달리고 있었다. 즉흥적인 선택이 최고의 선택이라는 자화자찬까지 하며 번갈아 운전해 달리고 또 달렸다.

어둠이 내려앉자 허기가 몰려왔다. 휴게소(미국의 휴게소는 우리나라 같은 휴게소를 상상하면 안 된다. 오직 화장실과 졸리면 쉬어갈 수 있는 휴식 공간만 있을 뿐이다)에 들러 저녁 식사를 준비했다. 메뉴는 항상 같았다. 가장 간단하고 맛있는 '햄을 넣은 라면'.

문제는 식곤증이었다. 저녁을 배불리 먹고 운전대를 잡으니 자꾸만 하품이 나왔다. 게다가 조수석에 앉은 덕우가 잠과 싸우는 걸 보니 더욱 졸음이 쏟아졌다.

덕우가 갑자기 벌떡 일어났다. 왕복 2차선인 국도에서 우리 차가 화물차와 충돌할 뻔한 것이다. 정말 화물차의 옆구리를 종이 한 장 차이로 비껴갔다. 나는 그때에야 비로소 졸음운전을 하고 있다는 걸 깨달았다.

나는 머리카락이 쭈뼛 선 채로 갓길에 차를 세웠고, 덕우에게 운전대를 맡겼다. 그렇게 29시간 동안 여섯 번을 번갈아 운전해 밴쿠버에 도착했다. 지금에야 추억이 되어버린 일이라 농담으로 이야기하지만, 화물차의 옆구리를 비껴간 찰나의 순간은 잊을 수가 없다. 그 강렬한 기억은 나를 안전 운전자로 만들었다.

카지노

동전이 쏟아지는 소리, 믿기지 않을 만큼 화려한 불빛, 매캐한 담배 연기와 독한 고급 향수 냄새가 뒤섞인 곳. 내가 본 카지노에 대한 첫인상이다. 라스베이거스에서는 호텔마다 작은 카지노가 딸려 있는데, 지나칠 때마다 너무 궁금하긴 했다. 그래서 밴쿠버로 떠나기 전, 나와 덕우는 난생처음으로 카지노에 가보기로 했다. 잃든 따든 20달러만 투자해보고 미련 없이 일어서기로!

나는 버튼만 누르면 할 수 있는 코인게임인 슬롯머신을 선택했다. 20달러는 5분도 되지 않아 2달러로 줄었다.

그리고 마지막 남은 1달러를 베팅하고 버튼을 눌렀을 때였다.

차라리 처음부터 20달러를 모두 잃었으면 어땠을까…?

마지막 버튼을 누른 순간 숫자 7이 일렬로 맞춰지며 기계는 요란한 소리로 당첨을 알렸다. 차르륵 동전 떨어지는 소리가 나자 주변 사람들이 나를 쳐다보았다. 그렇게 내 20달러는 30분도 안 되어 200달러가 되었다.

짧은 시간에 돈을 따자 나는 다음 날에도 자동으로 카지노에 앉아 있었다. 이번에는 블랙잭을 해보기로 했다. 바로 게임을 하지는 않고 직원에게 블랙잭을 배운 다음, 숙소로 돌아와 내내 유튜브로 블랙잭을 찾아보며 룰을 익혔다. 다음 날, 나는 200달러를 베팅했다. 그리고 1시간 후 수중에 800달러가 생겼다. 3일 만에 한화로 90만 원이라니!

이때 일어났어야 했다. 카지노도 경험해봤고, 원하는 것 이상으로 돈도 땄으니 미련 없이 돌아서야 했다. 하지만 한 판만 더 이기면 200만 원은 딸 거라는 생각이 머릿속에서 떠나지 않았다. 나름 치밀하게 확률을 계산하며 안전하게 베팅을 했다.

그러나 꼬박 3일을 카지노에 앉아 딴 800달러는 한방에 날아가고 말았다. 순간, 본전은 챙겨야겠다는 마음이 들었다. 그때였다. "그만해!"

옆에서 묵묵히 있어 주던 덕우였다. 한 판만 더 하겠다는 내 말에 덕우는 먼저 숙소에 들어가겠다고 했다. 어디든 함께하던 덕우가 먼저 숙소로 간다는 말에 정신이 번쩍 들었다.

나도 카지노에 빠져 사는 사람을 이해하지 못하는 부류였다. 그들과 나는 다를 거라 생각하며 경계심을 가지고 이곳에 들어왔지만, 나도 나를 잃어버릴 뻔했다(과학적으로 카지노의 불빛과 돈이 떨어지는 소리는, 카지노에 온 사람들을 착각에 빠뜨리기 위해 계산된 연출이라는 말이 있다). 그때 덕우가 없었다면 나는 세계 여행을 무사히 마치고 한국에 돌아올 수 있었을까? 숙소로 돌아와 노트를 펼치고 각서를 썼다.

내 인생에서 도박은 끝이다.

결과적으로 나는 20달러를 모두 잃었다. 그러나 직접 경험해보지 않은 것에 대해 함부로 단정 짓지 말자고 다짐하게 되었다. 차분하고 이성적이게 행동할 수 있을 거라는 믿음과는 달리, 나는 그곳에서 이성을 잃을 뻔하지 않았는가.

물론, 그 800달러로 유명한 레스토랑에 갈 수 있었다면 얼마나 좋았을까? 평생 잊지 못할 맛이었겠지?

스물아홉 번의 히치하이킹

여행 중에 대략 1,500킬로미터의 거리를 무일푼으로 이동했다. 남미에서는 브라질에서 두 번, 칠레에서 한 번. 아프리카에서는 탄자니아에서 한 번, 우간다에서 한 번, 나미비아에서 한 번.

미국에서는 스물세 번, 총 스물아홉 번의 히치하이킹*을 한 셈이다.

내 엄지손가락을 본 운전자들은 비상등을 켜고 갓길에 차를 세운 뒤 아무 대가 없이 흔쾌히 태워주었다(물론 방향이 일치하지 않으면 탑승을 거절할 수 있다). 운전자들이 차에 타라는 신호를 주면 답례로 지금까지의 여행 이야기를 들려주며, 목적지까지의 여정이 지루하지 않게 해주었다.

나는 그들에게 물어보았다. "이름도 모르는 외국인을 뭘 믿고 태워주는 거야? 위험할 수도 있잖아" 그러면 모두 크게 웃으며 같은 말을 했다. "네가 지금 메고 있는 배낭을 한번 봐. 캐리어가 아닌 우뚝 솟은 배낭을 멘 사람은 100퍼센트 믿을 수 있어"

매번 듣는 답변에, 나는 매번 감동했다. 동행과 친구, 그리고

---

* 무전여행 중 이동을 위해 다른 사람의 차를 얻어 타는 일. 히치하이커들은 도로변에서 팔을 도로 쪽으로 뻗고 엄지손가락을 들어 의사를 표시한다.

* 카우치서핑(Couch Surfing)이란, 말 그대로 잠을 잘 수 있는 소파인 카우치, 파도를 뜻하는 서핑의 합성어로 '잠자리를 찾아다니다'라는 뜻이다. 배낭여행자를 위한 sns와 앱을 통해 쉽게 접근할 수 있다. 배낭여행자들은 카우치서핑으로 무료로 숙소를 구하며, 그곳에서 또 다른 여행자를 만나거나 현지인과 친해질 수 있다. 그러나 단순히 숙소를 빌린다는 생각보다 로컬 문화에 대한 이해를 필요로 한다. 또한 광고로 가득한 여행 책자와 블로그에서는 얻기 힘든 진짜 현지 맛집과 핫 플레이스를 알 수 있는 것도 재미이다.

이렇게 호의를 베푸는 사람들 덕분에 지금까지 여행을 안전하게 이어나가고 있음을 깨달았다.

여행자들에게 아무 대가를 바라지 않고, 호의를 베푸는 사람들을 보며 한 가지 꿈이 생겼다. 한국으로 돌아가 독립하는 날이 오면, 지금까지 받은 도움을 몇 배로 갚으며 살기로. 카우치서핑*을 하면 어떨까?

하늘을 날다

캘리포니아의 엘시노어 스카이다이빙 스포츠 센터에서 '스카이다이빙 솔로 점프' 교육을 받았다. 스카이다이빙이란 지상에서 13,000피트(대략 4킬로미터) 떨어진 상공에서 기체(항공기)를 이탈해 50초간의 자유낙하를 즐기고, 낙하산을 개방해 지상으로 랜딩(착륙)하는 익스트림 레저 스포츠이다. 랜딩할 때는 바람이 불어오는 방향의 정면을 향해 시도해야 한다. 바람의 저항으로 낙하산의 속도가 감소해야 랜딩이 수월하기 때문이다. 그리고 기체에서 이탈한 뒤에는 앞서 랜딩한 사람의 방향을 따라 줄줄이 랜딩하며, 방향은 착륙장의 정중앙에 있는 풍향계를 보고 결정한다.

나도 교육생 신분으로 여느 날과 다름없이 기체를 이탈해 50

초간 자유낙하를 즐겼다. 그러고는 랜딩을 위해 낙하산 줄을 조종하며 앞사람을 관찰했다. 그런데 갑자기 바람이 강하게 불기 시작하자 다이버들이 제각기 다른 방향으로 랜딩하는 게 아닌가. 순간, 착륙장의 풍향계를 확인하고는 지금껏 배운대로 랜딩할지, 앞사람을 따라 랜딩할지 혼란스러웠다. 그러다가 괜히 내 생각대로 했다가 교관님께 혼날까 봐 풍향계를 보고 랜딩하기로 하고 고도를 낮추었다.

그러나 나는 착륙이 얼마 남지 않을 무렵 급히 생각을 바꾸고 말았다. 바람의 방향과 세기를 종잡을 수가 없었기 때문이다. 그러다 결국 바람을 등지고 랜딩하는 꼴이 되어 버렸다. 착륙장 밖으로 착륙할 것 같아 급히 고도를 낮춰보았으나 바람이 강해 속도도 줄지 않고 고도도 낮아지지 않았다. 게다가 엎친 데 덮친 격으로 바람이 대각선으로 부는 바람에, 낙하산이 크게 흔들리기 시작했다. 결국, 마음이 급해져 나는 무리하게 고도를 낮추었고, 비행기가 다니는 활주로 근처에 착륙하고 말았다. 스카이다이버들의 금기 사항 중 가장 금기되는 사항을 어긴 것이다. 내 가슴팍에 꽂혀 있던 무전기에서 연락이 들려왔다. "얼른 낙하산 접고 거기서 나와! 항공기가 착륙 중이야!"

활주로를 보니 정말로 항공기 한 대가 고도를 낮춰 천천히 들어오고 있었다. 심장이 미친 듯이 뛰기 시작했다. 마음은 급한데, 바람이 강해 낙하산이 자꾸만 떴다(바람을 타는 낙하산의 힘은 인간이 절대로 이겨내거나 감당할 수 없다). 게다가 낙하산은 점점 나를 활주로 안으로 끌고 들어갔다. 무전기는 터질 듯 울리고, 항공기는 점점 가까워 오고, 낙하산은 컨트롤이 안 되고. 당시의 심정을 어떻게 표현할 수 있을까?

나는 활주로로 끌려가지 않기 위해 바닥에 납작 엎드려 땅바닥을 손톱으로 긁으며 안간힘으로 버텼다. 손바닥과 팔목, 어깨와 정강이가 바닥에 쓸려 옷이 찢기고 피가 철철 났다. 동료들이 급히 달려와 나를 잡아주지 않았더라면, 나는 어떻게 되었을까? 다이빙장으로 돌아가는 내 모습은 그야말로 처참했다.

옷은 여기저기 찢어지고 다친 부위는 욱신거렸다. 교관님과 동료들에게 미안하고 부끄러웠다. 너무 힘들면 눈물조차 나지 않는다는데, 정말이었다. 죽음을 마주한 순간이 찾아온다면 이런 기분일까.

다이빙장으로 들어서자마자 나는 크게 혼이 났다. 사람들 앞이라 자존심도 상하고, 다시는 스카이다이빙을 할 수 없을 것만 같은 공포감이 밀려왔다.

화장실에 가서야 눈물이 펑펑 났다. 문밖을 나서면 아무 일 없던 사람처럼 행동해야 한다는 것도 힘들었다. 내가 돌아오지 않자 걱정이 되었던지, 교관님이 화장실로 찾아왔다. "힘드냐?" 교관님이 물었지만, 나는 아무 말도 못 하고 눈시울만 붉어졌다. "아니요. 괜찮아요" 하고 말하자, 교관님이 한숨을 쉬며 말했다. "발전이 없어도 된다. 그저 뒤로 물러나지만 않으면 돼. 잘하려고 노력하지 마, 현준아"

그리고 나는 이를 악물고 끝까지 교육을 마쳐 하늘을 자유롭게 날아다니는 스카이다이버가 되었다. 물론, 굳이 하지 않아도 될 경험까지 했기에 남들보다 곱절의 노력이 필요했다.

나는 아직 나를 더 믿고 싶다. 그리고 포기하지 않으면 이룰 수 있다는 확신이 있다. 그리고 나는 안다. 인생은 끝까지 버티는 사람이 승리한다는 것을.

Pro-tec

연기자가 되자

나는 겁쟁이다. 선의의 경쟁인 스포츠에서조차 격렬하게 싸우지 못한다. 쉽게 주눅이 든다고 할까. 친구들은 내 유리 같은 마음을 잘 알아서 '쿠크다스 멘털'이라고 농담 삼아 말하기도 한다. 여행 중 여러 가지 레저 스포츠에 도전한 이유는 이런 콤플렉스를 극복하고 싶어서였다. 그리고 종종 나에게 소심한 성격을 극복할 수 있는 스포츠를 추천해달라는 사람이 있는데, 그때마다 나는 주저 하지 않고 서핑을 추천한다.

서핑은 파도를 타는 스포츠이다. 스카이다이빙처럼 짜릿함을 느낄 수 있는 건 아니지만, 자신감과 자존감을 키우기에 적합한 스포츠라고 할 수 있다.

내가 처음 서핑을 접한 곳은 인도네시아의 발리였다. 발리는 파도가 잔잔해 누구나 쉽게 서핑을 접하고 배울 수 있으며, 물가가 저렴해 전문 가이드를 고용해도 부담이 없다.

발리에서 가이드 없이 파도를 찾아다니는 서퍼를 본 적이 있다. 그 자유로운 모습에 매혹을 느낀 나는, 그날 이후 바다를 누비며 자유롭게 서핑하는 내 모습을 상상하기 바빴고, 결국 발리 섬을 떠나 서핑의 성지인 호주의 골드코스트로 향하게 되었다.

골드코스트의 첫인상은 말 그대로 화끈했다. 발리의 잔잔한 바다와는 달리 파도가 높고 거칠며, 케냐의 사파리처럼 위험해 보이는 날것의 바다 같았다.

이곳에서는 가이드 없이 모든 걸 혼자 해야 했다. 혼자 몰아치는 파도를 헤치고 들어가, 라인업(파도가 오는 바다의 깊숙한 곳)을 찾아야 했다. 그러나 나에게 골드코스트의 바다는 너무 거칠었다. 바다에 적응하지 못하니 서핑에 대한 흥미가 떨어져 갔다. 게다가 바다 위에서 파도만 바라보고 기다리는 과정은 서퍼들과의 기 싸움이었다. 아무도 초보자인 내게 파도를 양보하지 않았다. 즉, 이곳에서 살아남는 건 '하늘의 별 따기'였다. 그렇게 호주에서의 서핑 적응기는 하루하루가 도전의 연속이었다.

그러나 나는 믿을 사람이 있었다. 바로 한국을 대표하는 서핑 국가대표이자 나와 동갑내기인 코치님이었다. 나는 코치님의 집에 머물며 일주일에 한두 번씩 교육을 받았다(PCT에서 만난 아구스틴을 비롯한 동갑내기 친구들은 왜 이렇게 성숙하고 배울 점이 많은지…). 함께 지내며 그에게 서핑뿐 아니라, 서핑을 삶에 녹여 적용하는 자세도 배웠다.

그는 내게 착하다는 말을 자주 했다. 하지만 바다에서 착한 모습을 보일 때면, 그는 어김없이 남들이 다 볼 정도로 큰 액션으로 꾸짖었다. "지금 현준 씨가 하는 착한 행동은 착한 게 아니라, 사람들에게 무시 받고 나약한 모습이에요"라며 다그쳤다. 또 외국인들의 텃세에 기 죽기라도 하면, 허리와 어깨를 쭉 펴고 당당하게 파도를 바라보라고 했다. 그리고 바다에 들어갈 때는 배우처럼 연기할 것을 조언했다. 바다로 나갈 때마다 '나는 바다에 있는 사람들 중에 가장 서핑을 잘하는 사람이다"라고 생각하며 자신 있게 행동하라고 말이다.

기가 있다고 믿는가? 그리고 사람마다 서로 다른 기를 갖고 있다는 걸 믿는가? 나는 기의 존재를 믿지 않는 사람이었다. "만화도 아니고 무슨 기가 존재해?"라며 비아냥대기도 했다. 하지만 서핑을 하면서 생각이 달라졌다.

서퍼들의 눈빛을 보면 알 수 있다. 이글이글 타오르는 살아있는 눈빛에서 그들만의 고유의 기와 자신감이 느껴진다. 그래서 그런지 동방예의지국인 한국에서 한평생을 살아온 나는 끝없는 눈치 싸움에서 지기 십상이었다. 힘겹게 잡은 파도를 다른 서퍼에게 빼앗겨도 "왜? 내가 뭐 잘못했어?" 하는 눈빛에 기가 눌려버렸다(실제로 바다에는 좋은 파도를 타기 위한 서퍼들의 기 싸움이 존재하며, 흡사 전쟁터처럼 느껴지기도 한다. 파도 하나에 한 명의 서퍼만 탈 수 있기 때문에, 한두 시간씩 기다리는 것도 예사며 아예 파도를 타지 못하는 날도 많다).

이후로 나는 연기자가 되었다. 보드를 들고 바다에 들어가는 순간만큼은 허리를 곧게 펴고 어깨를 활짝 열었다. 서퍼들이 "쟤는 누구야?"라는 눈빛으로 볼 때면, 더 강인한 척 연기했다. 그러자 서서히 변화가 찾아왔다. 내 연기는 정확하게 그들을 속였다! 전에는 내가 파도를 향해 패들링하면 다들 따라와 파도를 가로챘는데, 내 집념 때문인지 오히려 주변 서퍼들이 파도를 내주기 시작했다. 하루에 하나밖에 타지 못했던 파도를 다섯 개나 타는 날도 생겼다. 만족할 정도로 파도를 타게 되자, 해변으로 나가는 발걸음이 가벼워졌다.

서핑은 나에게 인생의 스승 같은 스포츠이다. 서핑을 통해 치열한 경쟁 속에서 살아남기 위해 노력하는 법을 배웠고, 피할 수 없는 일에는 용기를 갖고 직면하는 법을 배웠다. 그리고 골드코스트로의 여행은 매사 완벽을 추구하는 내게, 완벽하지 않다는 게 얼마나 행복한 일인지를 깨닫게 해주었다. 호주에서 만난 인연에 감사를 표한다.

스승에게 의심을 품는 순간

어떻게 해야 잘할 수 있느냐는 물음에 나는 답한다. "천천히!"

놀랍게도 나도 누군가를 가르치는 스승의 입장이 되는 순간이 왔다. 그리고 어느 시기가 지나자 교육생들에게서 나를 의심하는 눈빛을 보았다. 그 눈빛은 내가 무언가를 배울 때 스승에게 보냈던 눈빛과 똑같았다.

왜 빨리 가르쳐주지 않을까 하며 조급해하면, 발전하기보다 뒤처지는 걸 그들은 모른다. 조급함과 스승을 향한 의심이 결국 내 발목을 잡는다는 걸 알아야 한다. 그렇다, 모든 일에는 순서가 있다.

나도 지금의 내가 있기까지 국적을 불문한 수많은 스승을 만났다. 그리고 목표에 도달하지 못하거나 실패하는 날에는 스승을 탓하기 바빴다. 유명한 스승의 제자가 되면 나도 그 분야의 최고가 될 것 같았는데, 전혀 그렇지 않았다.

그러나 내가 누군가의 스승이 되어보니 알겠다. 공부든 스포츠든 도전이든 스승을 잘 믿고 따라야 한다는 걸 말이다. 남보다 재능이 뛰어나 빠르게 습득하는 사람도, 어느 시기가 되면 재능만으로는 뛰어넘을 수 없는 벽을 만나게 된다. 그리고 이 벽을 뛰어넘을 수 있을지 없을지는 스승의 가르침에 달렸다. 반면, 내 역량의 부족함을 느끼고 스스로 포기하는 사람도 있다. 그러나 포기하지 않았으면 한다. 속도의 차이만 있을 뿐, 포기하지 않으면 누구나 목표에 도달하게 되어 있다.

누구나 아는 사실인가? 만약 당신이 이 말을 진심으로 이해했다면, 이미 원하는 바를 충분히 이룰 수 있는 사람일 것이다. 나는 이러한 이치를 깨닫는 데 2년이 넘는 시간이 걸렸으며, 꽤 많은 돈을 투자했다. 돈으로 환산한 수익률을 따질 수는 없지만, 내 인생을 위한 최고의 투자였다 자부한다. 이 글을 읽고 있는 당신에게도 내 글이 투자의 시작이었으면 한다.

PART
4

영원한 것은 없다, 행복도 아픔도

이상과 현실의 경계

2년간의 여행을 마치고 한국으로 돌아왔다. 명훈이가 가장 먼저 귀국했고, 덕우는 그로부터 2주 후, 나는 3개월 후였다. 사실 나는 마지막 여행지만큼은 셋이 함께하길 원했다. 그러나 각자 원하는 게 달랐기에, 지금까지 해왔던 방식 그대로 서로의 선택과 의견을 존중하기로 했다. 힘든 시기도 같이 헤쳐나간 2년의 여행으로 인해, 이미 서로의 진심을 알고 있었기에 아쉬운 마음은 깊이 넣어두었다.

한국으로 돌아온 명훈이는 초등학교 교사의 꿈을 위해 수능을 준비하고, 덕우는 공무원을 준비하고 있다. 그리고 나는 복학을 해 강연과 출판을 준비하며 '크로스핏'에 도전 중이다.

친구들과 대부분의 시간을 함께하고, 같은 음식을 먹고, 같은 주제의 이야기를 나눴음에도 여행 후의 목표는 다르다는 게 신기하다. 하지만 딱 한 가지, 여행을 시작하기 전이나 후나 서로의 곁에서 큰 힘이 되고 의지할 수 있는 존재라는 건 변함이 없다.

흐릿하던 계획이나 목표가 다시 선명해진다는 건 가슴 뛰는 일이다. 우리에게 문득 찾아온 세계 여행과 새로운 꿈들은, 끝이 없는 둥근 원을 걷던 우리를 곧은 직선 위에 올려다 주었고, 그 꿈을 실현하기 위해 천천히, 우리들만의 속도로 나아가고 있었다.

무료한 일상에 하고 싶은 일이 생기고 진취적인 자세를 갖게 되는 건 얼마나 설레고 감사한 일인가. 요즘에는 곁에 있던 사람들이 자신의 자리를 찾아가고 있는 것 같다. 그 모습을 보면, 그간의 여정을 알기에 응원하게 된다. 주변 사람 모두가 이 마음을 잃지 않고, 원하는 것들을 이루는 그날을 염원한다.

시작은 집 밖으로 나온 순간부터

버킷리스트! 죽기 전에 반드시 하고 싶은 것들. 나에게는 베스트프렌드들과 해외여행을 가는 게 버킷리스트 중의 하나였다. 그래서 귀국 후 단체 메신저에 글을 남겼다. "처음이자 마지막이 될 우리의 여행을 계획 중인데, 갈 사람?"

그리고 글을 올린 지 3시간도 되지 않아, 열한 명의 친구 중 일곱 명이 비행기표 값을 입금했다. 명훈이를 포함한 넷은 면접 등의 일정이 있어 함께하지 못했지만, 나를 포함한 일곱 명의 친구는 도쿄로 가는 비행기에 몸을 실었다.

우리 중에는 첫 해외여행인 친구도 있었고, 평소 여행을 자주 다니는 친구도 있었으며, 도쿄를 이미 네 번이나 다녀온 친구도 있었다. 그러나 이번 여행의 목적은 '우정을 위한 여행' 하나였다. 한 번뿐인 우정 여행이라는 마음으로 나는 일정을 알차게 짰다. 관광지를 방문하고, 맛있는 음식을 먹고, 인생 사진을 찍으며 친구들이 행복해할 상상을 하니 웃음이 나오고 뿌듯했다.

하루를 마무리하고 해가 지는 밤이 찾아오면 너 나 할 것 없이 옹기종기 모여 밤새 이야기했다. 외국어로 적힌 우리 음식, 창

밖에서 들려오는 이국적인 음악이면 안주로 충분했다. 우리는 술잔을 기울이며 다양한 주제의 이야기를 나눴다. 불확실한 미래에 대한 걱정, 결혼에 대한 이야기, 취업 후의 인생… 모두 20대이기에, 사회 초년생이기에 품는 질문과 답이 없는 걱정이랄까.

모두 여행하는 것처럼 살았으면.

내가 사랑하는 사람 모두 그런 삶을 살면 좋겠다. 여행자는 혼자 생각하고, 결정하고, 실행한다. 과정이 외롭고 고될지라도, 길을 찾기 위해 끊임없이 도전하며 삶에 대한 의구심이 들 때도 용기를 갖고 한 번 더 도전한다. 그러다보면 나의 특별함은 무엇인지, 내가 얼마나 많은 걸 갖고 있고, 행복한 사람인지를 알 수 있다. 이번 여행이 나와 친구들에게 그런 여행이기를 바랐다.

여행은 끝나지만, 자신을 찾는 여행은 끝나지 않았으면 한다. 우리에게도, 머뭇거리고 있을 당신에게도.

크로스핏

"3개월! 일시불로 결제해 주세요" 귀국 후, 집 근처에 있는 크로스핏 체육관을 찾았다. 크로스핏은 한국으로 돌아가면 꼭 한 번 배워보고 싶은 운동이었다.

크로스핏이란 최대 근력, 협응력, 민첩성, 유연성, 심폐지구력, 균형 감각, 정확성, 힘, 속도, 스태미나 열 가지의 신체 능력을 키워 여러 운동을 섞어 단시간, 고강도로 하는 운동법을 말한다. 매일 다양한 운동을 섞어 계획된 프로그램인 와드(WOD, Workout of the day)를 진행한다.

크로스핏을 접한 건 인도네시아의 발리에서였다. 숙소 맞은편에 크로스핏 체육관이 있었는데, 그곳에서 매일 땀 흘리며 운동하는 외국인들을 보니 해보고 싶어졌다. 생각과 동시에 나와 덕우는 일일 체험을 해보기로 하고 센터에 방문했다. 그날의 와드는 400미터 달리기와 박스 점프, 팔굽혀펴기였다. 우람한 체격의 핀란드인 코치님이 몸의 열을 올리는 기본 워밍업을 알려주셨고, 워밍업 후에는 5분 정도 쉬었다. 그때 한 친구가 말을 걸어왔다. 닉이라는 친구였다. "어느 나라 사람이야? 팔굽혀펴기할 수 있어?" 대한민국 육군 병장으로 제대한 두 남자의 자존심을 건드리다니. "할 수 있지! 걱정하지 않아도 돼" 본 운동에 들어가기도 전에 우리는 열이 올랐다.

와드가 시작되었다. 10, 9, 8, 7, 6… 땡! 시작을 알리는 종소리가 청아하게 울렸다. 사람들이 400미터를 향해 뛰기 시작했다. 우리에게 모욕감을 준 닉은 일등으로 앞서 나갔고, 덕우와 나는 선두 그룹에 뒤처지지 않으려고 중간 그룹에 속해 열심히 뛰었다. 총 5라운드의 운동이었는데, 3라운드 즈음부터 숨이 턱까지 차올랐다. 코치님은 나와 덕우에게 "너희는 첫날이니까 너무 힘들면 포기해도 돼"라고 말씀하셨다. 덕우는 내게 "너 먼저가!"라는 말을 남기고 더는 따라오지 않았다. 에너지를 무리하게 쏟아버려서일까, 덕우에게 어지럼 증세가 나타났다.

나도 덕우와 다를 게 없었다. 달리다가 허리가 아파오기 시작했다. 종아리는 터질 것 같고 숨이 넘어갈 것만 같았다. 그러나 운동 시작 전 들은 모욕적인 말에 포기할 수가 없었다. 이를 악물고 5라운드를 끝냈다. 기록을 보니 약 스무 명의 사람 중에 세 번째로 들어오기까지 했다. 닉이 일등이었다. 그가 다시 찾아와 말했다. "그 정도면 잘한 거야!" 나는 턱밑까지 차오르는 숨을 가다듬으며 말했다. "한국 남자들은 군복무를 하기 때문에 다들 이 정도는 해!" 그러자 닉은 웃으며 엄지를 치켜세우고 돌아섰다.

그러나 마무리 스트레칭을 하는 도중 나는 어지럼과 구토감을 느꼈다. 무리한 것이다. 침을 삼키는데 침에서 피 맛이 났다. 나는 사람들에게 약속이 있어 빨리 씻고 가야 한다는 핑계를 대고는 서둘러 샤워장으로 들어갔다. 그러나 나는 그곳에서 1시간이나 나오지 못했다. 가늘게 떨어지는 물줄기조차 무겁게 느껴져서 주저앉아 버렸다. 몸에 있는 모든 힘이 방전되는 느낌이랄까.

한참을 나오지 않자 덕우가 왔다. "나 무리했나 봐. 토했어" 덕우는 나를 오랫동안 봐 온 친구이다. 그는 아무 말 없이 이온음료를 사 와 문 앞에 놓아두고는 밖에서 묵묵히 기다려 주었다.

나는 비범한 체력을 가진 사람이 되기로 결심했다. 외국인 친구가 나를 무시하는 말투로 말을 건 일에 대한 오기가 아니었다.

그들은 튼실한 허벅지와 빨래판 같은 복근을 만들기 위해 얼마나 많은 노력을 했을까? 얼마나 많은 시간을 투자했을까? 함께 크로스핏을 하는 수강생들의 모습에 존경심까지 들었다.

옛날에는 글이나 음악 등에 조예가 깊은 사람에게 끌리고 존경심이 들었는데, 요즘은 몸을 단련한 사람들에게도 존경심이 든다. 그리고 직접 운동하며 그들이 얼마나 노력을 했는지도 이해하게 되었다. 나도 모르게 변하고 있었다. 예민함보다 섬세한 사람이 되어가고 있었다. 영화 〈월터의 상상은 현실이 된다〉처럼, 내 상상도 현실이 되는 삶을 살아야지.

처음 겪는 부상

크로스핏은 작심삼일로 끝나지 않았다. 꾸준히 노력한 덕분에 흥미도 생겼고, 급기야 국제대회까지 참가하게 되었다. 경쟁을 좋아하지 않는데다가 출발선에서 느껴지는 긴장감은 딱 내가 싫어하는 기분이기까지 한데 말이다. 그러나 이번에는 나보다 출중한 사람들과 직접 부딪혀보고 싶었다. 나는 이번 도전으로 또 무엇을 얻을 수 있을까?

대회는 네 명이 한 팀이 되어 참가했다. 그만큼 팀워크를 중점으로 평가하며, 총 다섯 번의 경기를 선수 교체 없이 치러야 했다. 그러나 나는 예기치 않은 부상을 당하고 말았다. 마지막 경기에서 크로스핏 기술 중 하나인 링 머슬 업을 하고 내려오는 길에 어깨가 욱신거리는 걸 느꼈다. 경기장의 뜨거운 열기로 통증을 더 느낄 새도 없이 남은 일정을 소화했지만, 집으로 내려가는 버스에서 오른팔의 이상을 알았고, 급기야 일상생활에 지장이 있을 정도로 아파왔다.

집으로 돌아와 간단한 스트레칭과 근육이완제를 먹고 바로 잠을 잤다. 자고 일어나면 괜찮을지 알았는데, 아침에 일어나니 통증은 꽤 심각했다. 한의원에서는 다행히 수술할 정도는 아니라며, 한 달간 푹 쉬면서 침을 맞고, 회복을 위한 운동만 할 것을 처방했다. 한의원에서 침을 맞으며 곰곰이 생각했다. 체육관 사람들 아무도 다치지 않았는데, 왜 나만 다친 걸까?

한 달을 꼬박 재활 운동에 매진했다. 그러나 제대로 된 운동을 하지 못하면서 운동에 대한 흥미가 떨어지고, 통증 탓에 부정적인 생각이 꼬리를 물었다. 도대체 왜 나만 다쳤을까? 결국, 모두에게 피해를 주지 않으려는 마음에 용기가 아닌 오기를 부리고 말았다는 결론을 내렸다.

오기는 과한 욕심의 다른 말이다. 무모함으로는 극복할 수 없는 게 있다는 걸 그간의 여행과 도전을 통해 잘 알고 있었다. 과속, 과음처럼 단어 앞에 '지나칠 과(過)' 자가 붙은 모든 것을 조심하라는 부모님의 당부가 있었음에도 나는 매번 같은 실수를 반복했다.

통증과 줄다리기를 하며 버티던 어느 날, 우연히 글 하나를 보았다. 근육의 성장 원리에 대한 글이었는데, 그날의 내 마음 같아서 메모장에 적어 내려갔다.

근육의 성장 과정은, 인간이 살아가면서 성장하고 발전하는 것과 같은 원리다. 운동으로 인해 근육이 찢어지고, 찢어진 근육들이 회복되고 다시 붙는 과정을 통해 팔이 커지고 허벅지가 굵어지는 변화가 찾아온다.

살아가면서 성장에 대한 의문이 생겼을 때, 또 다른 시련이 닥쳤을 때, 다시 이 글을 본다면 틀림없이 이겨낼 수 있으리라. 손상되고 회복하는 과정을 통해 더 단단해지는 근육의 원리를 알고는, 지금은 도약을 위한 기다림의 시기라고 생각하게 되었다.

THOR

영원한 것은 없기에 가져야 할 마음가짐

오랜 여행에서 다양한 연령대, 다양한 직업군의 사람을 만났다. 그들의 이야기를 들으며 간접 경험을 해나갔다. 그러나 언제부터인가 나도 모르게 그들을 평가하고 있음을 알았다. 물론, 내 예상과 추측이 들어맞았던 적은 별로 없다. 생김새는 험악했지만 누구보다 마음이 따뜻했던 사람도 있었고, 무례하다고 생각했지만 오래 지낼수록 진국 같은 사람도 있었다. 사람마다 마음을 열기까지의 시간이 달랐던 것 같다. 또 과거에 어떤 일을 하던 사람이든 길에서는 모두가 똑같은 여행자일 뿐이었다. 어쨌든 길 위에서 만난 사람들은 모두가 좋은 사람들이었다.

그러나 그들의 본 모습을 알게 될 즈음에는 어김없이 이별이 찾아왔고, 흘러가 버린 시간을 돌이킬 수 없어 야속했다. 늘 내가 먼저 떠나거나, 그들이 먼저 떠났다. 그렇다. 남을 평가하는 데 시간을 쓰느라 정작 그들을 사랑할 시간이 없었다.

세상에는 나쁜 사람도 많지만 좋은 사람도 많다. 그런데 몇 명의 나쁜 사람으로 인해 누군가를 의심하는 데에 시간을 쓴다면? 나 역시 그랬다. 얼마나 많은 이의 이야기를 놓치고 한국으로 돌아온 걸까? 내가 이기적인 사람이었던 건 아닐까? 남을 평가하기 전에 나부터 따뜻한 사람이 되었으면 어땠을까?

긍정적인 사람들에게 받는 에너지는 무엇과도 비교할 수 없을 만큼 값지다. 앞으로는 모두를 사랑할 수 있는 사람이 되어보자.

자기 비하와 겸손함의 차이

나를 낮추는 것과 겸손한 것의 차이는 무엇일까? 겸손한 사람은 자신의 과거나 미래를 과장하지 않고 정직하게 말하며, 끊임없이 자신을 되돌아본다. 그리고 나와 타인의 가치관이 다를 수 있음을 인정하고 상대방을 존중한다.

그러나 나를 낮추는 사람은 말 그대로 스스로를 비하하고 자신을 깎아내린다. 타인이 바라보는 나에 대한 평가와는 무관하게 자신을 비관한다. 자신을 귀하게 여기지 않는 사람을 타인이라고 귀하게 여길까?

사람들이 당신을 칭찬할 때는 어떻게 해야 할까? 조금 쑥스럽더라도 칭찬은 칭찬으로 기분 좋게 받아들였으면 한다. 나는

"아니에요. 운이 좋았어요. 저는 그렇게 잘하지 못해요"라는 말로 일관해왔다. 이렇게 말하는 게 예의라고 여기며 정답처럼 살아왔다. 그러나 이러한 말 습관은 도전하고 성취했을 때의 행복함을 만끽하기도 전에 나를 스스로 깎아내리게 했다.

우리의 뇌는 늘 칭찬을 원한다. 어떤 목표를 이루기 위해 절제하고 스트레스 받는 과정에서 몸은 지치게 된다. 이때 타인의 격려와 칭찬은 몸을 회복시키며, 뇌는 가뭄의 단비를 만난 것처럼 세로토닌을 분비한다.

그러니 남이 해주는 칭찬을 거부하며 굳이 자신을 낮추지 말자. 나는 자신을 비하하는 사람을 많이 보았다. 학창 시절부터 수도 없이 겸손해야 한다는 말을 듣고, 양보만을 미덕으로 삼았던 교육 때문인 것 같다. 나를 솔직하게 표현하는 걸 자만심으로 생각하지 않을까 하면서 말이다.

그러나 세상에 나보다 소중한 것은 없다. 칭찬받을 일을 했다면 달게 받자. 나를 아끼는 사소한 습관이 삶을 긍정적으로 만든다.

열심히 말고 잘

"선임에게 인정받기 위해서는 열심히 말고 잘해야 한다" 21개월의 군 복무 기간 동안, 귀에 딱지가 앉도록 들은 말이다. 그리고 스무 살부터 지금까지의 나에게 가장 선한 영향력을 행사한 종원이 형도 자신의 SNS에 트레이드마크처럼 해시태그를 달아 올린 말이기도 하다. 종원이 형은 바르셀로나의 구엘 공원 매표소에서 줄을 서다 친해진 사람이다. 그는 당시에도 기운이 남달랐다. 삶을 대하는 태도가 진지하고 깊었다. 대화하면 어른과 이야기하는 것처럼 느껴져 나중에는 우러러보게 될 정도였다. 형은 현재 패션 디자인 회사를 설립해 한복 정장을 세계에 알리는 일을 하고 있다.

'열심히 말고 잘' 언뜻 보면 열심히 노력하는 사람을 무안하게 하는 말처럼 보이기도 한다. 나도 이 말을 듣고 여러 생각이 교차했다. 학창 시절 내내 결과도 중요하지만, 과정이 중요하다고, 열심히 하는 게 정답이라고 배워왔다. 그런데 열심히 하기도 어려운데 잘하기까지 해야 한다니, 도대체 얼마나 더 하라는 말인가!

그러나 나는 곧 그 말의 중요성을 깨달았다. 나는 부모님의 보호를 받던 시절을 벗어나 어엿한 성인이 되었다. 그리고 원하는 공부를 하고, 아르바이트도 하며 나름의 사회생활을 시작했다. 그러고 보면 열심히 하는 사람은 주변에 정말 많다. 공부든 운동이든 일이든 어떤 목표를 둔 사람은 더 그렇다.

나는 이 책을 내기 위해 현재 원고를 쓰고 있다. 몇 달을 열심히 쓴 원고를 출판사에 보낼 것이다. 하지만 출판사가 원하는 방향과 다르다면 내 정성이 깃든 원고는 책으로 나오지 못할 것이다. 그래서 나는 생각했다. 출판사 또는 앞으로 내가 만날 사람들(회사원이 된다면 상사, 사업을 한다면 고객)의 기준이 나의 목표가 된다면 어떨까? 그들이 원하는, 그들이 추구하는 바에 내가 만족스러울 만큼 부응한다면, 그게 '잘'하는 게 아닐까?

PART
5

마침표가 아닌 콤마

실패 수집가

사람들은 도전에 성공한 나의 모습만 보고는 '도전의 아이콘', '강심장의 겁 없는 여행가'라고 표현한다. 그러나 나는 사실 실패한 도전이 훨씬 많다. 실패가에 가깝다고 보는 게 더 좋을 것 같다. 하지만 나는 실패해도 포기하지 않고, 딛고 일어났다. 실패를 딛고 일어서야, 가장 큰 동기가 부여되고 간절해진다. 그리고 또 다른 도전을 위한 자신감이 생긴다.

옛날에는 실패의 과정을 숨기고 성공의 결과만 드러내고는 했다. 그러나 사람들에게 용기를 줄 만한, 긍정적인 변화를 줄 만한 글을 쓰고 싶다고 생각하니, 오히려 실패의 과정과 경험을 더 이야기하게 된다.

가끔 "실패했을 때 어떻게 극복했나요?"라며 특별한 노하우를 묻는 사람이 있다. 그럴 때는 "핑계를 찾지 말라"라고 하고 싶다. 핑계는 실패를 극복하는 데에 독약과도 같다. 나도 계획한 만큼 달성하지 못하거나, 일이 더디게 진행되는 날이 더 많다. 그러나 그 원인의 98퍼센트가 나에게 있었다. 내가 문제임을 알고는 실패의 원인을 외부에서 찾지 않기로 했다. 그랬더니 실수가 줄고, 좋은 결과가 나타났다.

실패를 두려워하지 말자. 한 발자국이라도 앞으로 나아가는 걸 사명이라 여기자. 그러하면 정말로 원하는 일이 하나씩 이루어질 것이다.

초등학교 6년간 내 생활기록부의 장래 희망 란에는 '선생님'이 적혀 있었다. 물론 아이들을 가르치는 선생님은 되지 못했다. 그러나 바닷속을 탐험하고 싶은 사람들에게 스쿠버다이빙을 가르치는 사람은 되었다. 또 손흥민 선수 같은 유명한 운동선수는 되지 못했지만, 하루도 빠짐없이 운동하는 운동 애호가는 되었다(운동하지 않는 날은 불안하고 찝찝한 마음마저 든다).

나는 알고 있다. 앞으로도 내가 계획한대로 되지 않을 것이다. 그러나 무너지고 실패한 경험들이 내가 꿈꾸는 미래로 이끌

어줄 것이며, 또 다른 꿈을 꾸게 할 것이다.

지금도 허름한 다리를 건너고 있다. 겁내지 않고 다리를 끝까지 건너볼 생각이다. 그 끝에 내가 꿈꾸던 삶과 행복이 있음을 믿고 있다. 앞을 모른다는 사실을 원동력 삼아 꾸준히 걷고 걸을 것이다.

긴 여행의 서막

좋은 책이란 무엇일까? 사람마다 책을 읽는 목적도 다르고 취향도 달라 기준을 세울 수는 없지만, 나는 '독자의 입장에서 읽기 쉽고, 공감할 수 있는 책'이 좋은 책이라 생각한다. 글을 쓰면서 내 이야기를 글로 표현한다는 게 얼마나 힘든 과정인지 깨달았다. 작가들에게 경의를 표한다.

여행과 도전에 대한 경험을 글로 옮기면서, 나에 대해 더 깊이 알게 되었다. 어쩌면 사람들이 좋아해 줄 거라 생각한 내 경험들이 지루하게 보이거나, 나의 좋았던 경험들이 자랑처럼 보일까 조심스럽다. 정말 많은 고민을 하며 글을 썼다.

어느 날은 한 문장을 쓰는 데 2시간이나 걸렸고, 카페에 앉아 휘몰아치듯 글을 썼다가도 다음 날이면 모조리 지우고 다시 쓰는 날도 있었다. 이렇게 글을 완성하고 보니, 글을 쓰기 전의 나보다 글을 쓰고 난 후의 내가 훨씬 단단해진 것 같다. 뿔뿔이 흩어진 기억을 모으며, 조금은 나를 정의할 수 있게 된 것만 같다.

과거의 나를 돌이킨다는 건, 진정한 나를 찾으러 떠나는 여행과도 같았으며, 큰 용기가 필요했다. 과거보다 현재가 더 중요하다고 생각하지만, 현재의 내가 과거에서 온 것임을 부정할 수는 없었다(전에는 식당에서 뛰어다니는 아이들을 보면 인상을 찌푸렸지만, 지금은 '나도 그랬지' 하며 이해하고 미소 짓게 된달까?).

여행을 끝내고 한국으로 돌아온 지 딱 1년이 되었다. 그리고 다시 새로운 도전과 긴 여행의 출발선에 섰다. 평생을 아이처럼 살고 싶다. 20대에는 나에 대한 도전을, 30대에는 사람들과 함께 큰 꿈에 도전을, 40대에는 사랑하는 가족과 새로운 도전을 꿈꾸고 싶다. 그리고 50대가 되면 순수한 꿈을 가진 아이처럼 살아가고 싶다.

꿈

안개가 걷히기도 전인, 새벽 4시. 아프리카 우간다에서 기름통을 양손에 쥐고 일렬로 도로 옆을 걷고 있는 아이들을 본 적이 있다. 알고 보니 등교 전에 가족들이 사용할 식수를 떠 오는 것이었다. 왕복 4시간의 거리를 걸어 물을 떠 온다고 했다. 그것이 어린아이들의 일상이라니 믿어지지 않았다.

에티오피아의 아이들은 차의 열린 창틈으로 초콜릿을 달라며 작은 손가락을 집어넣고는 했다. 관광객이 탄 차만 들어오면 아이들은 차에 달라붙어 과자나 콜라를 요구했다. 먹을거리가 부족한 아이들이 할 수 있는 유일한 선택이었을 것이다. 관광객들은 그런 아이들이 신기한 듯 카메라를 들이대거나, 더 잘 찍겠다고 창문으로 몸을 내밀기도 했는데 나는 그런 모습들이 어쩐

지 불편하기만 했다. 자기를 찍든 말든 초콜릿을 받기 위해 달려오는 아이들을 보자니 마음이 시큰거렸다.

순수한 아이들에게 불쌍한 감정을 느끼는 건 옳지 않다고 했던 사람도 있었다. 그래도 모르겠다. 난 그냥 그들이 불쌍하고 마음이 쓰였다. 그 후로 나는 꿈이 생겼다.

교육만큼은 아이들이 차별 없이 받았으면 좋겠다. 그래서 나는 한 단체를 통해 매달 학용품을 지원하고 있다. 사실 커피 값만 줄여도 할 수 있는 일이다. 그리고 강연을 통해 나와 같은 생각을 갖고 행동할 수 있는 사람들을 모으고 있다. 많은 사람이 모여 선한 영향력을 행사했으면 한다.

조금 더 앞으로

아직도 계획한 걸 다 이루지 못했다. 그리고 늘 새로운 일을 꿈꾸며 앞으로 나아가고 있다. 영원히 10대일 줄 알았던 나는 20대 중반에 접어들었고, 여전히 많은 걸 경험하고 부딪히며 나를 만들어 가고 있다.

그리고 목표를 이루는 과정을 통해 내가 정말 좋아하는 게 무엇인지, 내가 잘하는 게 무엇인지, 무엇을 간절히 원하는지를 알아가고 있다. 어쩌면 목표를 다 이루었을 때보다 더 짜릿한 경험이 아닐까 싶다.

그동안 많은 사람의 지지와 도움을 받았다. 스물아홉 번의 히치하이킹을 통해 교통비가 비싼 미국에서 재정적 압박을 벗어버릴 수 있었고, 종종 잠자리와 맛있는 음식도 제공받기도 했으며, 이러한 배려 덕분에 현지인들의 삶과 문화까지 배울 수 있었다.

아프리카를 여행할 때는, 앞서 여행한 사람들에게서 도움을 받았다. 유독 정보를 얻기 힘든 땅에서 그들은 선뜻 상세히 메모해둔 여행 정보를 건네고, 통역을 해주기도 했다.

PCT를 준비할 때, 받기 힘든 미국 관광비자B1을 받는 데 힘써 주신 차호석 원장님, 텐트와 경량 장비를 50퍼센트 절감해 지원해 주신 제로그램(ZEROGRAM) 아웃도어 회사, 책을 쓸 수 있게끔 제안해 주신 모험가이자 한국의 대표적인 도전 아이콘인 지훈이 형에게 지면을 빌려 감사함을 전한다.

앞으로의 5년은 타인의 인생에 조금이나마 도움이 되는 삶을 살고 싶다. 책과 강연을 통해 실패로 인해 괴로워하는 사람, 현실적인 고민에 빠진 사회 초년생들에게 힘이 되어 주고 싶다.

세계 여행과 각종 도전은 저에게 본능과도 같았습니다. 각종 스포츠에 대한 도전은, 스포츠마다의 매력도 느낄 수 있을뿐만 아니라, 떳떳하고 행복하게 살아가는 방법을 익히게 해주었어요. 여행지에서의 도전을 마주할 때마다, '아, 이게 진정한 여행이구나' 깨닫기도 했지요.

세계 여행은 끝났지만, 글쓰기와 크로스핏을 통해 새로운 여행의 출발선에 섰어요. 글을 쓰고, 강연을 준비하고, 대회에서 좋은 성적을 거두기 위해 노력하고 있지요. 그리고 이런 노력은 거창한 목표가 있어서가 아니라, 순수하게 재미있어서 하는 것들이에요. 무책임한 답변 같지만, 재미가 없어지면 하지 않을 테고요. 하지만 여행이나 운동을 좋아하지 않는 사람들도, 제 이야기를 통해 "와, 저거 재미있겠다!" 하면 좋겠어요.

제가 준비하는 내일은 여행가, 작가, 크로스핏 선수로서의 내일이 아니라 그냥 권현준이라는 사람으로서의 내일이에요. 그래서 지금 하는 일이 재미없어지거나, 도전하고 싶은 또 다른 일이 생긴다면 저는 또 거기에 올인할 수 있는 삶을 살 거예요. 그리고 계획이나 목표를 보고 살아가는 일은 저에게 조금 더 나은 사람이 되기 위한 방법이에요. 그 자체가 저에게는 꿈이자, 제가 준비하는 내일이지요.

마지막으로 무언가에 도전하는 사람이 있다면, 고민하지 말고 그냥 하라고 말해주고 싶어요. 그게 뭐든. 그래야 한 발짝 더 앞으로 나갈 수 있으니까요. 주저앉아 있다면 그냥 나아가면 좋겠습니다.